最爱人间烟火味

逛吃山水间

延庆篇

陈一龄　陈　耘·著

华龄出版社
HUALING PRESS

延庆北京世园公园

延庆香甜地图

此图由北京市延庆区园林绿化局提供

百里画廊
千亩软枣猕猴桃园
地址：千家店镇水头村
游览期：9—10月
千亩海棠园
地址：香营乡新庄堡村
游览期：9月
营杏园
香营乡新庄堡村
：4—6月
永宁古城
花田
镇新华营村
月
四季花海
千亩茶菊园
地址：四海镇
游览期：9月
董家沟牡丹
地址：大庄科乡董家沟村
游览期：5月
大庄科板栗
地址：大庄科乡香屯村
游览期：9月

延庆世园公园

写在前面

君可知这样的延庆？

京郊塞外、料峭长冬，大自然在这里留下了冰臼、恐龙足迹和木化石；山峰兀立、岩石嶙峋，更有壁画记录下的龙王、土地奶奶和众神护佑图；山川孕物、脆甜汁浓，毫不掩饰盛盈的果香和妫川物产的独特韵味；长城内外、卫城兵营，这里展现出的是农耕文化与游牧文化的对撞和交融。

今天的延庆，带着远古的风尘，傲然展现世代的辛劳印迹和山川景致，给人宋元山水画中游的穿越感。飞虹的

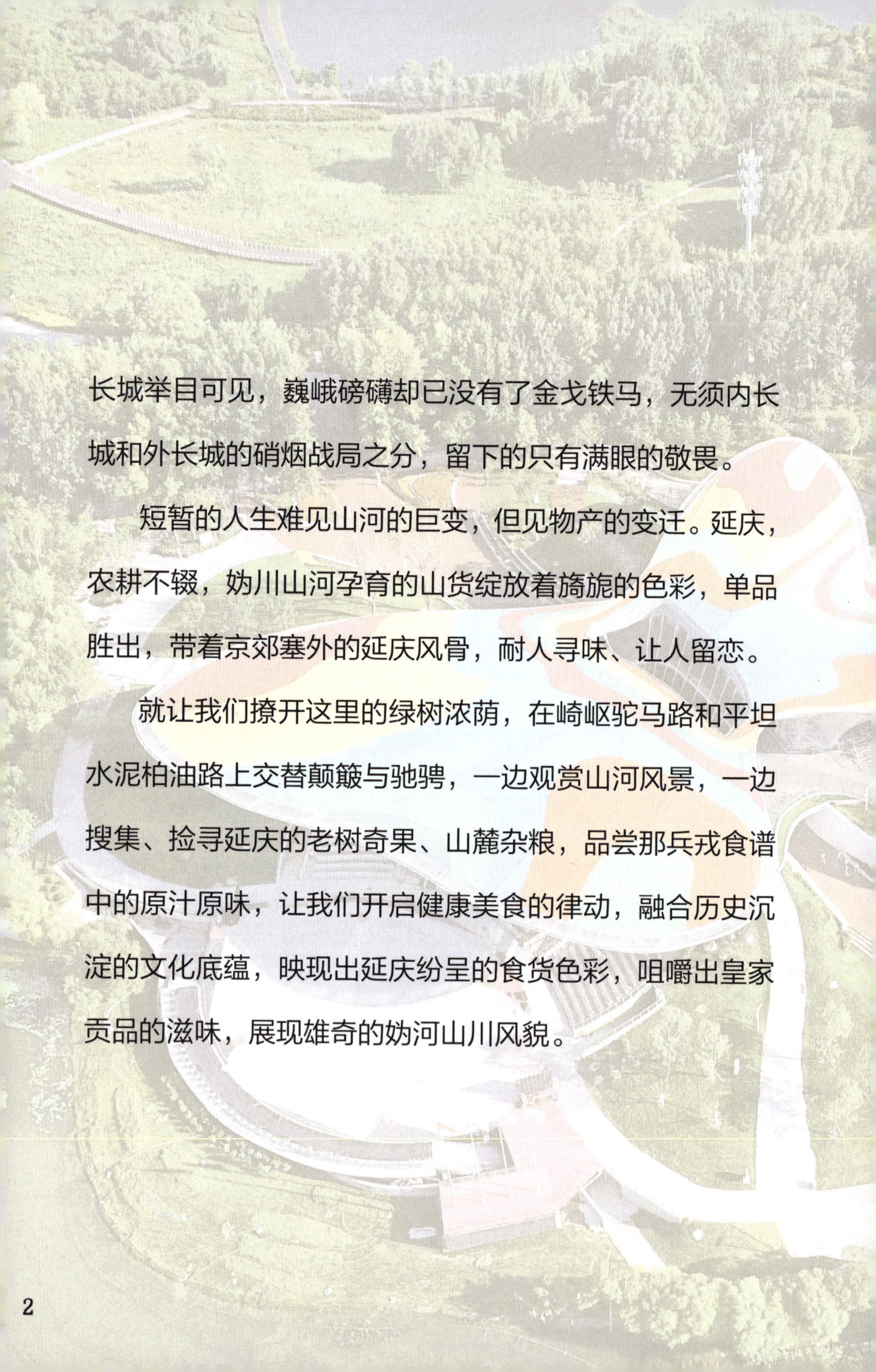

长城举目可见，巍峨磅礴却已没有了金戈铁马，无须内长城和外长城的硝烟战局之分，留下的只有满眼的敬畏。

短暂的人生难见山河的巨变，但见物产的变迁。延庆，农耕不辍，妫川山河孕育的山货绽放着旖旎的色彩，单品胜出，带着京郊塞外的延庆风骨，耐人寻味、让人留恋。

就让我们撩开这里的绿树浓荫，在崎岖驼马路和平坦水泥柏油路上交替颠簸与驰骋，一边观赏山河风景，一边搜集、捡寻延庆的老树奇果、山麓杂粮，品尝那兵戎食谱中的原汁原味，让我们开启健康美食的律动，融合历史沉淀的文化底蕴，映现出延庆纷呈的食货色彩，咀嚼出皇家贡品的滋味，展现雄奇的妫河山川风貌。

目录

第二章　秀色可餐

第三章　浓墨重彩

第四章　双重紫红

第五章　七彩纷呈

第六章　只此青绿点红头

编者的话

觅特产，逛山水
本书对延庆乡镇游记述的说明

1. 北京市延庆区目前铺装公路的总里程接近 2000 千米，几乎所有的景点都能自驾前往。在这些公路沿线分布着众多的旅游景点景区，比较著名的至少在三十处以上，延庆景点大体可分为历史文化、自然风光、主题公园、城市公园、乡村文化、红色旅游六大类。

历史文化类，如八达岭长城、永宁古镇、古崖居、石峡关长城、明双营古堡、三司村等。

自然风光类，如玉渡山、百里山水画廊、龙庆峡、野鸭湖、松山、硅化木国家地质公园、乌龙峡谷、云瀑沟、莲花山森林公园等。

主题公园类，如北京世园公园、八达岭野生动物世界、石京龙滑雪场、八达岭森林公园等。

城市公园类，如妫水公园、夏都公园、江水泉公园、香水苑公园等。

乡村文化类，如花盆村关帝庙、沙梁子龙王庙、珍珠泉、元仁宗出生地、霹破石等。

红色旅游类，如平北红色第一村纪念馆、大吉祥村村史馆内四海战役纪念展等。

2. 延庆的村名和地名大多为城、营、司、堡等，也遗留有不少古遗迹，大致可以理解为如下原因：

城，通常指具有完整城墙及防御设施，用于集中进行军事防御、政治管理和经济活动的较大型聚落或军事据点。延庆地区的城一般是当地的军事指挥中心或重要的战略要地，如永宁城，在明代是永宁卫的治所，城内设有官署、兵营、仓库等，兼具军事防御与区域管理功能，能屯驻大量军队，对周边地区起到辐射和管控作用。

营，最初是军队驻扎的地方。延庆带“营”字的地名多与明代驻军有关，如马营是为军队养马之处，营城子、营城、营盘等都是把守长城的驻军营地。这些地方战时可作为作战前沿或后勤补给点，平时军队则在此进行训练、屯田等活动，后来逐渐演变成村落。

司，源于明代军事单位。延庆的头司、二司、三司、四司，级别相当于把总，掌管一二百人的部队。这些司一般位于重要的交通要道或战略位置，负责一定区域的巡逻、侦察、警戒等任务，后来随着驻军家属的聚集，逐渐形成村落。

堡，是有城墙等防御工事的小型军事据点或居民聚居地。延庆的堡主要用于屯兵和防御外敌，如岔道堡，是八

达岭长城的前哨阵地，在军事防御体系中具有重要作用，同时也可供当地百姓在战乱时躲避战乱，后来多演变为村落。

因此，延庆的“堡”有军堡与民堡之分，它们在功能用途、建造与管理归属、规模结构、人员构成上都有不同。

军堡，属军事编制体系，建筑规格较高，布局严谨，具备多种军事功能。归属兵部或卫所直接管理，主要驻扎军队，包括军官、士兵及其家属等，人员以军事职能为主，有明确的军事编制和职责分工。延庆地区著名的军堡有马营城堡、岔道堡、榆林堡、南寨坡、火焰山营寨等。

民堡，作为村落的一种聚居形式，在战乱或匪患时为民众提供生命财产安全保护，兼具一定的生活和生产功能，一般由民众在政府的组织下，或者在家族或乡绅的带领下集资修建，归当地百姓所有、使用和管理，在有需要时堡内青壮年会参与防御工作。

相对军堡而言，民堡规模较小，城墙较为矮薄，有箭孔、垛口等简单的防御工事，依据地形和实际需求进行建造，多以家族为单位聚居。延庆地区最著名的民堡是目前保存最为完好的明双营古堡。

“堡”有三种读音，分别是 pù、bǎo 和 bǔ，在延庆一律读 bǔ。

3. 本书侧重介绍寻觅延庆特产时可以深度游览的延庆乡村景点。

鉴于延庆许多著名的旅游景点景区已在众多的旅游书籍和网络上有较为详细的介绍，在本书中我们省去了对这些成熟景区的介绍，而侧重于更多地介绍去乡村采购特产时的村镇农林文化旅游点，特别是众多不为人知的小众景点，为读者深度游览、寻觅延庆特产提供指南。

本书中所涉及的乡村文化景点，绝大部分在我们考察之前未有任何一家地图对它们进行标注。为方便读者日后的寻找，也为让更多的人了解延庆，我们在考察中尽量完成小景点实地上报导航地图的工作，但因各家地图公司在审查上的便捷程度和难易程度的差异，最终我们选择了审查相对便捷的公司来完成。截至成书时，延庆地区的这些景点基本上在某德地图都可以找到并实施导航。尽管如此，还是因一些未知的原因，仍有少数景点未能上报成功。

4. 出于对历史遗迹的保护态度，在遵守北京市对于自然保护区、长城遗址和户外探险活动的保护条例、管理办法和通知要求的同时，我们对于未开放的远古文明科考地点、古长城遗址、古墓葬、散落的古石雕石刻、古泉、古井、古池塘等在书中不做介绍。

另外，户外穿越线路在书中除了“再说大庄科”一节有简介之外，均不做介绍。因徒步穿越与常规旅游相比，具有一定的特殊性，在旅游消费价值取向上，徒步穿越爱好者侧重于自主性、个性化和对自我挑战的追求；在体验方式上，会强调通过身体的运动和对自然环境的深入接触来获得精神的满足。同时，徒步穿越路线和区域较为特殊，常涉及人迹罕至、地形复杂的地方，应归于徒步穿越攻略手册范畴，它不在本书所追求的“烟火味道”内，敬请谅解。

5. 我们试图以游逛人间山水、寻觅当地特产名吃的记述形式，多方位、多角度地向读者介绍延庆的特产、风景、人文及民间文化的历史纪实等内容，清晰给出延庆的深度游购攻略，以此记录传承延庆的“人间烟火”风貌。因时间关系，本书必有遗漏和偏差，敬请提出，并希望借此成为读者猎奇纠错的巧遇，增添延庆游购的成就感。

第一章

缤纷四溢

绚丽四海、千家店，不舍珍珠独秀泉

延庆东部和北部的四海镇、珍珠泉乡和千家店镇，让延庆东部从南到北密布着四海冶九眼楼、珍珠泉涌和百里画廊景致，那里有掩不住茶香的延庆茶菊、香甜嫩糯的延庆鲜玉米，更有流油的珍珠泉咸鸭蛋！

大山深处的千家店，还有延庆软枣猕猴桃的珍奇甜蜜、茨顶土豆的蒸炒皆宜和牤牛沟谷子的谷粟芬芳，最意想不到的是北地奇异茶饮——延庆流苏茶和延庆黄芩茶……

山路弯曲、山石嶙峋，冬夏迥异，一样的山水，不一样的景致，这里叫人神往的不仅有山货和特产，还有中华文明的历史遗迹，以及游历中升起的乡情。

一、串行延庆东北三乡镇

只为那不舍的美食和诱人的美景

千家店镇、珍珠泉乡、四海镇是距延庆城区最远的三个东部乡镇，呈品字结构位列延庆的最东部，山路漫长，景色别致。

当您深入进来，便会发现每条山沟、每个山村都有土特产，只不过它们长在山中，外人不识，若能好好规划线路，那么，收货、观景一举两得。

这三个乡镇所辖区域面积超过整个延庆区的 31%。从四海镇出发沿四宝路向东，经四沙路、千小路、滦赤路、刘千路、延琉路，可依次经过珍珠泉乡、千家店镇，再重新回到四海镇，三乡镇环行一圈接近 100 千米。收获好物之前以充沛的体力先游览美景。

从延庆城区一路向东，先到**四海镇**。

四海镇的得名是因元代时有四条河谷在此汇聚，又有炼铁业，故而得名“四海冶”。

明英宗天顺八年（1464 年），在四海口以南 5 里*处修筑四海冶堡，使四海成为重要军事要塞，被称为“极冲”之地，是明王朝与蒙古朵颜部落的军事前沿，大量的人力物力被投入到军事防御建设和戍边任务中，使四海镇成为拱卫京师的重要屏障。

那时的四海每日都处于紧张的前沿防卫状态中，也是在修筑四海冶的这一年正月，明英宗朱祁镇驾崩，明宪宗朱见深继位，年号成化，明朝由早期进入中期，虽然整个成化年间，这里并无大的战事发生，但防御的功能一直存在，不仅在四海，在整个延庆我们今天都能见到大量的明长城遗迹。

到了清代，北方游牧民族带来的军事威胁基本消失，清朝疆域极度广阔，四海所在的长城防线不再是对抗强敌的前沿，军事防御需求减弱。

康熙—雍正—乾隆时期，随着平定三藩之乱、收复台湾、击败沙俄等稳定边疆局势的胜利之后，国家推行了一系列改革措施，如鼓励垦荒、摊丁入亩，减轻了国家和百

---

* 注：里为旧时计量单位，1 里等于 500 米，后不再注。

姓负担，社会秩序相对安定，为经济发展和繁荣创造了条件。

清康熙三十二年（1693 年），四海冶堡并入延庆州，属地、粮食均交由延庆州管理。从这时起，四海冶堡由军堡转变为民堡。作为畿辅之地的四海，包括整个延庆正是西北地区进入京师的必经之路，商贸业逐渐兴盛，随着此地人口的增长，也带来了更多的劳动力和生活需求，促进了农业、手工业的发展，带动了商业的繁荣。

四海冶堡逐渐发展为四海城，简称为四海。

在四海有一些长城古堡遗迹，主要散落在北口子、黑汉岭、海字口、石窑、四海城等地方，其中最著名也最值得游览的当属位于四海镇石窑村南的九眼楼长城景区及火焰山营盘遗址。

九眼楼长城景区地处四海镇东南 9 千米的火焰山主峰，是万里长城上建筑规模最大、规格最高的敌楼之一。《北京市延庆县地名志》曾记载，九眼楼为明嘉靖二十二年（1543 年）巡抚都御使王仪督建。早在明成化二年（1466 年）就有关于九眼楼的记载，当时只是一个小墩，万历三年（1575 年）以后改建为空心敌台，万历四十六年（1618 年）进行过修缮。

最后修成的九眼楼，正方形双层建筑，因每边有九个瞭望孔而得名，现存一层。

九眼楼长城，此图选自四海镇大吉祥村四海战役纪念展

现存一层的九眼楼高度为 7.8 米，每边为 13 米，瞭望孔高 1.65 米，宽 0.5 米，内有环形步道供军士来往巡视，宽 1.2 米。楼下西侧有一小平台，为军士集中的场地；平台北侧有砖砌的台阶可达南楼。楼顶为砖砌券拱结构，楼内宽大，可驻兵储器；北边开两窗，四面各有一门，门高 2 米，宽 1.2 米，出入便利。九眼楼上留下的碑刻有 24 通之多，其中大多是赞美它的雄姿，抒发作者壮烈胸怀的诗作，是明长城沿线诗歌碑数量最多的敌楼，这些碑刻的作者涵盖了巡抚、巡按监察御史、参将等中高级文臣武将。

九眼楼，地理位置险要，是明代宣、蓟、昌三个军事重镇接点，是内外长城的交汇处，在军事防御上具有十分重要的战略意义。

九眼楼景区山高谷深，面积阔大，植被丰茂，环境幽静，风光壮丽。

景区停车场位于景区大门旁，从景区停车场走登山步道上山用时 1.5 小时，从火焰山营盘景区下山用时 40 分钟。从大门走到火焰山广场之后，山路分左右两条，沿右侧登山步道上山，注意走用石条砌成的登山步道（不要走其他任何土路，土路都不通，即便有的土路看上去像是捷径）。行至半山亭，路分左右，左边去往九眼楼，右边去往火焰

九眼楼上一览群山

拾级而上可进入九眼楼烽火台

山营盘遗址、真武庙和狐仙庙。

按照景区指示，应先走九眼楼，从九眼楼前往营盘遗址，再从营盘遗址处的景区出口下山。也有游客朋友认为，应该反其道行之更省力，实际体验中这两种游览顺序，几乎不存在体力消耗上的差别。

火焰山营城遗址，图中左上房屋建筑为真武庙和狐仙庙

九眼楼生态长城景区内除九眼楼长城、火焰山营城遗址外，还有修复好的真武庙和狐仙庙。

您可以借此来了解一下遍布京城的真武庙和狐仙庙的文化特色。

九眼楼真武庙地处火焰山主峰，海拔 1141 米，属于九眼楼生态长城展示区的一部分。游客沿登山步道攀爬约 1.5 小时，可以到达火焰山营盘遗址和真武庙。而这营盘遗址，就只剩明清时驻军房屋的地基了，但地基十分清晰，走过营盘遗址便是两座庙宇。

九眼楼真武庙坐北朝南，面阔三间，北墙正中供奉真武大帝塑像，真武大帝左手边站立金童，右手边站立玉女。

东西山墙各有一幅九宫格壁画，内容为《真武本生图》和《真武灵应图》，描绘真武大帝的神圣起源和发展脉络，讲述真武大帝成就后的各种灵应故事。

东墙九幅画分别是太子入学、太子离朝、玉皇赐剑、东遇老人、南遇病人、西遇死人、北遇僧人、梦吞日月、五龙吐水。西墙九幅画分别是天神赐甲、猿猴指路、割肉喂鹰、观音磨针、收服龟蛇、怒斩魔女、二虎把洞、剑指成河、五龙捧胜。壁画新绘，十分清晰。

九眼楼真武庙西墙九宫格壁画《真武灵应图》

真武殿东侧偏北 2 米处有一座狐仙庙，坐北朝南，主殿一间，供奉狐仙塑像。传说当年修筑营盘时，有民夫迷路，彻夜行走而找不到归途，1 个多月后幸遇白狐引路才平安返回。后来人们就在营盘修建了这座狐仙庙。

据说清末京城多狐，当时在北京城区及郊区到处都有狐仙的传说，据说城里的狐仙住在城楼上，郊外的狐仙住在山洞里，为人所常见。常见则不怪，传说狐仙基本为男性，且多显现为老者，女性狐仙较少。还传说，很多人都见到了人与狐的“瞬间形态变换”，所以，北京地区的狐仙塑像和画像皆为人形而非狐相，这一点与外省不同。但九眼楼狐仙庙中的狐仙塑像是人形与狐的塑像并存，不知建造者是否受到了山西地区狐仙庙的影响。

在四海镇，您还可见散落在北口子、大吉祥、大胜岭、黑汉岭等处的众多烽火台。四海镇每周六的大集“集期市场”旁，就可见山丘顶上矗立着的多座烽火台，赶集买货的时候抬头看看那小丘之上，遥想战火狼烟的岁月，应该是另一番滋味。

对于四海镇的红色旅游地，我们合并记录如下，以备您来四海采买特产时前往。

南湾战役遗址及纪念碑：位于四海镇南湾村东南 450 米，是北京市延庆区不可移动革命文物。

四海革命烈士碑：位于四海镇成教中心西侧，其中一块碑是为纪念南湾战役牺牲的独立二师参谋长吴迪、八区区委书记顾名、四海县大队副连长王树才、区长刘永年等 19 位烈士而立。

南湾村烈士陵园无名烈士纪念碑：2008 年四海镇将散落于各处的无名烈士集中于南湾村南坡，并立碑纪念，碑阳为楷体阴刻“革命烈士，永垂不朽”。

四海镇的乡村文化游览中，历史悠久的有“天门关”摩崖石刻和龙母

可见峭壁上“天門關”（天门关）三个字

庙，现称老母庙，您可以在前往珍珠泉的路上看到，只是庙在公路之下的河岸边，字刻在山壁上，指示并不明显，停车位极有限，夏季雨后游览需特别注意蛇虫。

天门关老母庙位于天门关村东南100米小河南崖，1957年文物普查时尚存山门一间、观音堂一间、明嘉靖三十六年镌造观音像、明嘉靖创建碑、明万历重修碑、清同治重修碑，庙内有古洞，原庙今已无存。现庙为村民在原石基上修建的小庙，供奉龙母。旁有民间传说中的天马坑，后靠天门关摩崖石刻。

掩在红绸后的老母庙极小

若去四海镇的大吉祥村，便可在村史馆内看到四海战役纪念展，布展很好，展馆建设及空间利用都非常精巧。村内还有几间现代风格的小店。

村内历史最悠久的所在，当属位于大吉祥村北偏西山坡上的吉祥庙，始建于明代，现有一进院落，坐北朝南，有影壁、山门、正殿三间，东西耳殿各一间。

正殿内主尊为龙王和龙母。靠东侧供奉龙王爷、龙母，靠西侧供奉山神，均为彩塑坐像，端坐于供台之上。东耳殿供奉土地爷、土地奶奶彩塑坐像。西耳殿供奉药王爷彩塑坐像。院内东侧悬挂一口大钟，正殿前廊檐下西侧架放大鼓一面。

大吉祥村吉祥庙

关于此庙的修缮还有一件趣事。据村中老人说，此庙在十几年前做了最近的一次重修。期间，他曾亲眼见到有3条筷子长短粗细的灰色小蛇，分别趴伏在主殿与东西耳殿的石阶前。施工的工人都说，它们好似在监工！每天工人来上工它们就出来，工人收工它们也离开。当时手机拍照功能很弱，老人觉得“此乃小龙，当是龙王使者”，于是特意喊了村里负责宣传的人来拍下佐证。结果像是“消息泄露”，照相的人还没到，小蛇就走了，以后再也没有出来过。此事后来成了村民茶余饭后的谈资。

在四海镇，逍遥一游便有不少的景致，可携的四海特产不仅有不用施药、靠气候天然不生虫的延庆四海茶菊，还有遍地播种的老玉米，在四海镇的前山村能吃到延庆鲜玉米的别样风味……您先逛着，咱们说完了游览再说吃。

离开四海镇继续向东前行，您将进入延庆的**珍珠泉乡**。

珍珠泉乡的乡村游首当其冲的当然是“珍珠泉”，在珍珠泉乡我们推荐两处别致的村级景点和一处收费景区。

据考古发现，延庆的珍珠泉地区 1000 多年前就有人类生活居住的印迹。民间传说始于明永乐年间，明确的记载在《乾隆延庆州志》中能见到。

珍珠泉所在的村庄因泉得名珍珠泉村，乡政府因驻地为珍珠泉村而得名珍珠泉乡。

在我国，其实有许多个珍珠泉，均以泉水中常有气泡伴水而出、状如珍珠而得名。

珍珠泉位于珍珠泉村的珠泉喷玉主题公园内，“珠泉

喷玉”是延庆八景之一。相传明永乐大帝朱棣曾带兵路过此地，当时正值盛夏，暑热难耐，士兵口渴，于是下令就地掘井。泉水喷射而出，水质清澈，还升起一串串气泡，如同晶莹的珍珠，朱棣便赐名“珠泉喷玉”，珍珠泉因此得名。

珍珠泉的泉池多石缝，泉水中含有大量气体，当有人拍手、跺脚或是放声大喊时，一串串的气泡就会像珍珠一样从泉池底部的石缝中涌出。

泉水清澈甘洌，水质为重碳酸钙－镁型矿泉，富含多种人体所需的矿物质元素，其中锶的含量很高，对人体有软化心脑血管等功效。常年水温在 12 ~ 14 摄氏度，即便在室外零下 25 摄氏度时也不冻冰，泉池的水深基本不变，雨天水不涨，干旱时水不少，日出水量近千吨。

沿珍珠泉南侧的菜食河向东步行 400 米左右的河畔处，还有一个奇特的泉眼汇集区，那里不仅有映月泉、米粒泉、孔方泉和苔升泉共同组成的“四泉合抱”，还有鱼砚泉、平安泉等众多泉眼。

珍珠泉乡的珍珠泉村有久负盛名的延庆珍珠泉鸭蛋以及近年来种植的延庆泉水蜜梨，本书之后带您去“尝尝”。

从四宝路沿着菜食河蜿蜒的道路行进，前往南湾村。跨过菜食河桥，刚一过桥出现岔路，不要上坡进村，就在靠右侧的小路边上，有一座小小的民国时期修建的南湾龙王庙，景观别致。

这座小庙建于小高坡处，坐北朝南，面阔 2.5 米，仅供一人进入，整个建筑像是一个极小的正方体，难得的是经过了百多年天灾人祸的风风雨雨，它的主体建筑结构依然是民国时的原物，尽管庙宇已然明显向东倾斜，但因庙前有一棵约三人合抱的老榆树，树枝遮盖着小小的龙王庙，景色尤为别致。在绿树成荫的季节中，这儿是个宜人的好地方，难得的是庙内供桌上的供品摆放整

老树太大老庙太小

洁，墙上壁画可辨。

珍珠泉乡的另一村级景点，我们推荐双金草龙王庙，在双金草村内。

双金草龙王庙始建于清代，现存正殿三间，进深为一间半，有个小门廊，在延庆其他龙王庙建筑中少见，目测总占地面积也就 30 多平方米。殿内主尊供奉五龙王，三面墙上有现代彩绘壁画。

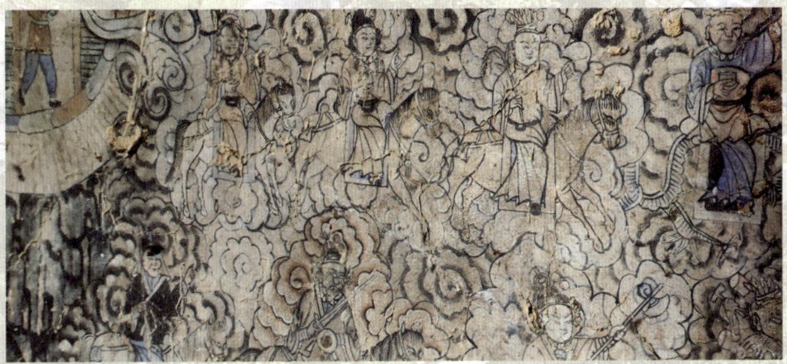

庙宇太低矮，须得俯身弯腰进入，方见庙中壁画

双金草龙王庙

所谓五龙王乃是东方青龙王、南方赤龙王、西方白龙王、北方黑龙王、中央黄龙王。五龙王左右两边各有一神将，从兵器颜色上看疑似为金锏力士与银锏力士，从衣着、面色和兵器上分析也可能是护法镇山神将王灵官与雷部催云助雨护法天尊庞弘。西墙绘有土地公、龙王行雨图，东

双金草龙王庙殿内主供神像

墙绘有武道神、雨毕回宫图。

在珍珠泉乡北部还有一处收费景区——齐仙岭，占地100多亩*，距延庆城区60多千米，海拔600米，距北京市区100多千米，因传说明代有一位神医齐仙爷为民治病并在此得道成仙而著名。

其实，齐仙岭在元代就是皇家园林了，始建于元中期，距今已有600多年的历史，绝大部分景点毁于20世纪60年代中晚期，重建于1995年。景区内满眼的苍松翠柏，平均树龄数百年，空气清新，景色优雅。

从景区大门向上走328级台阶，可到达狐仙庙，庙内有壁画，讲述着狐仙奶奶治病救人的故事。每年农历四月十八日举办庙会。

离开安静的珍珠泉乡，我们将前往延庆“大山深处”的**千家店镇**，一个山路盘桓、有着“千家稀鲜”特色山货、乡村旅游资源极为丰富的所在。

千家店得名于明代，由“钱家店”谐音演变而来。据说明代时有钱姓族人在此居住并开店，后来逐渐壮大，形成了村落。因“钱”与“千”音近，讹传演变成了“千家店”。

千家店的景点较多，我们推荐朝阳寺以及千家店最东端的沙梁子村乌龙潭一龙王庙，最北端的花盆村关帝庙一戏楼。

*注：亩为旧时计量单位，1亩等于666.67平方米。

高高在上的朝阳寺

据千家店镇政府二里许的朝阳寺有着300多年的历史，原名太神庙，是一座民间信仰为主、佛道合一的寺庙，始建于清康熙年间，宣统三年（1911年）曾重建，2009年再次修缮。

朝阳寺的建筑特色是布局严谨，拾级而上188级台阶方能到达山门，寺庙占地2万余平方米，有单体建筑12所34间。

寺庙山门外建有一座戏台，戏台东面单有一座灵宫殿。寺庙前院有钟鼓楼和管理人员住所。中院正殿为娘娘殿，东西各有一座阎王殿，东侧院落内另有白仙殿。后院坐南朝北有韦驮殿，东设药王殿，供奉着孙思邈、扁鹊、华佗等十名神医，西为火神殿，供奉着南方火德星君，后院主殿中供奉着释迦牟尼佛、文殊菩萨、普贤菩萨和十八罗汉。

每年农历四月十八和九月初九，朝阳寺都会举行隆重的祭神活动，期间香烟缭绕，有河北梆子戏曲演出，您可以来看戏。

山门外的戏楼，四月十八、九月初九演出

千家店沙梁子村的乌龙峡谷（进入谷底需收费）和龙王庙景点，非常值得游览。

乌龙潭原名黑龙潭，属中生代火山熔岩区，是典型的山间河流深切河谷景观。千家店乌龙潭值得观览的是它的奇特地貌，峡谷两侧绝壁陡直，怪石林立，水声轰鸣，浪花飞溅，谷幽峡深，林木苍郁，由外及里层层迭水，形成四个深潭，有“日月潭”“衔珠瀑”等特色景观，据说晴天时可见彩虹飞架其上。

传说康乾时期，在黑河下游有一个白龙潭被白龙占据，白龙祸害乡里，当地李员外之子黑龙挺身前往，在与白龙激烈争斗七天七夜后，最终战胜了白龙。为纪念黑龙的功绩，也为镇住常引发水患的乌龙峡黑水河，人们修建了龙潭庙，今天称沙梁子龙王庙。

沙梁子龙王庙准确位置在百里山水画廊乌龙大峡谷的尽头，即乌龙峡口处。始建于清乾隆年间，由大殿、两厢、山门和戏台组成。主殿立有黑龙王像、财神像、山神像。两厢分别供有狐、黄、常、白、灰五仙和天皇、地皇、人皇。

当地传说此庙祈雨很灵验，每年大旱时，四面八方的人都会来求雨，鼓声一响，潭水冒花，顿时就会下雨。于是，

沙梁子龙王庙

每年农历六月十三日龙王生日，村民会宰杀羊作为祭品，到龙王庙祭祀龙王，此习俗一直延续至今。农历九月初九举办庙会，依然会请戏班在高大的戏台上唱戏酬神。

沙梁子龙王庙建筑繁多，坐北朝南，上下错落三进院落，与四周山景呼应，给人意境深远的感觉。此外，沙梁子龙王庙的另一看点是各殿展陈布置井然有序，店内壁画及戏台壁画展现的民间神话人物和供奉都清晰明了，故事描述详尽，戏台上还有戏剧曲目繁多的折子戏画像，具有很直观的学习和观赏价值。

沙梁子龙王庙的山门殿内有青面黑面二将手持三股叉守门。入山门，在第一进院外靠东侧为大戏台，有 20 排观众席位，每排 25 人座，共 450 人同时观看。每年农历九月九日为庙会日，那一天唱戏。戏台坐南朝北，水泥台基，砖瓦结构，木梁顶，戏台高度约 6 米。戏台南主墙背景为五龙戏水，中间是大登殿，靠南侧是三娘教子；下层从北往南依次为岳母赐字、穆桂英大破天门阵、十五贯、打渔杀家。侧山墙同样绘有壁画，上层三幅，下层三幅。上层三幅从北往南依次是桃园三结义、彷白花、十八相送。下层三幅从北往南依次如下：第一幅目前为杂物所挡无法目及，第二幅是梁红玉击鼓退金兵，第三幅为三岔口。

进入二门，门外东墙壁画为年值功曹李丙，西墙画月值功曹陈吉；门内东墙壁画为时值功曹刘洪，西墙壁画为日值功曹周登。二门内东侧为钟亭，西侧为鼓亭，钟亭内有钟，鼓亭内无鼓，亭内放石桌一台，石凳四鼓，东西配殿各三间，为工作人员用房。走上 11 级台阶，进入月洞门为第三进，主殿牌匾上书龙王宝殿，殿内屋梁均为彩绘，主殿北墙前供奉塑像由西至东依次为土地爷、山神爷、河神、正中的老龙王、青苗神、财神、武道神七尊坐像。东墙由北向南，依次为雷公、电母、二位值日功曹站立塑像，壁画为龙王行雨图。西墙由北向南依次为二门神、风婆、雨神站立塑像，壁画为雨霁回宫图。

西配殿为药王殿，供奉伏羲氏、神农氏、轩辕氏坐像。后山墙绘山河图三幅，每个坐像背面一幅，西墙南侧绘侍女献桃，北侧绘侍女献花图。北山墙绘有扁鹊、张仲景、张子和、徐文伯、孙林五名医画像，南山墙绘有华佗、孙思邈、张介宾、黄甫士安、叶天士五位名医画像。

东配殿为五仙殿，居中为狐三太爷，北至南依次为鼠三太爷、黄三太爷、狐三太爷、长三太爷、白三太爷彩塑坐像，后背东山墙为佛光祥云图。两侧山墙壁画均为五仙出行图，构图基本相同，具体表情动作略有差异。

龙王庙二进院西侧 25 米处另建有王仙殿，中间供奉王仙坐像，北墙壁画由西向东依次是王太子、镇水将军、王仙、坐殿判官、飞鱼仙人琴高。

离开沙梁子村景点继续向西行，有路牌指示去往花盆村，可以看到延庆区的市级文物保护景点——花盆关帝庙。

花盆关帝庙始建于明末清初，清嘉庆二十年（1815 年）重修，1930 年又进行过大规模修缮。1985 年被确立为县级重点文物保护单位，2011 年被列为北京市第八批市级文物保护单位，您在这里能感受到市级文物保护景点的厚重文化。

花盆关帝庙坐北朝南，为两进院落，由山门、钟鼓亭、正殿、后殿、东西配殿等建筑组成，占地面积 1535 平方米。庙内还有重修碑、石花盆等遗存。中殿供奉关帝和龙王，后殿供奉碧霞元君、眼光娘娘、送子娘娘等。整个关帝庙融合了关帝庙、龙王庙和泰山庙的全部功能。关帝庙对面是花盆村戏楼。

庙内壁画内容丰富，涉及三国故事、龙王行雨、十殿阎罗等。西山墙上部有十四幅三国故事连环画，从袁绍损兵折将开始，到水淹七军结束，下部是雨毕回宫图。正殿砖雕精美，彩色壁画画面清晰，具有典型的京北地方特色。

花盆村戏楼坐南朝北，与坐北朝南的关帝庙相对，形成对称布局。始建于清雍正四年（1726 年），清嘉庆十四年（1809 年）重修，1995 年进行部分维修，2007 年进行

花盆村关帝庙壁画

整体修缮。

花盆村戏楼为硬山顶、过垄脊、灰筒瓦屋面，梁架绘有龙纹图案，龙纹作为中国传统文化中的重要符号，象征着权威、吉祥和繁荣，也显示了戏楼在当时的重要地位。面阔三间，进深六檩，这种尺度使得戏楼内部空间较

花盆村戏台，坐南朝北

位于延庆区的市级文物保护单位花盆村戏台及关帝庙

为宽敞，能够满足演出和观众观看的需求。每年农历四月二十八关帝庙举办庙会时，戏楼会举行盛大的演出活动。

此外，千家店镇还有一系列文化旅游景点，如：滴水壶景区（收费景区），辛栅子村木化石群，下德龙湾村古家窑遗址，位于石槽村的佛爷庙、狐仙庙、龙王庙、摩崖石刻，红旗甸龙王庙，定山塔和千家店革命烈士碑等。

千家店值得游览的乡村景点很多，但珍稀山货更为诱人！

二、尝到了延庆软枣猕猴桃

千家店镇水头村，深山里的“奇异果”

到了水头村，若沿着公交车的线路继续向北，不出5千米的路程便是河北了。临近村委会前在通行公交车的水泥路上有一条往东的小岔路，路仅一车宽，路口没有指示

延庆软枣猕猴桃

牌，极短的水泥铺设路段后便是石子泥路，悠长狭窄，映入眼帘的是峡谷幽深的景象。

这里地处延庆东北角，千家店镇的西北部，山高谷深，夏天草木浓密，偶有短尾蝮蛇和胡蜂出没。山里没有信号，手机无法通话。

沿着图中的碎石土路向山间进发，奇异的延庆软枣猕猴桃就在这山里

一条山路，两季风采，冬季的进山路

冬季山里寒冷，山谷中四季的昼夜温差均在 15 摄氏度以上；雨水并不丰沛，土壤以石砾为主，贫瘠而渗透性强。因此，这里的“猕猴桃”个头袖珍，大小仅似大枣，它有和枣一样光滑的果面，根本没有猕猴桃果面的绒毛。怪不得村民们说，小时候都管它叫“软枣”。

但是，它真的不是枣，它没有枣果的硬脆也没有核。试探着一口咬下去，体验感只有两个字：惊喜！惊喜的是它软嫩爆汁的口感和异常甜蜜的味道。不忍一口吞下，看一下它的品相，还是两个字：惊艳！

第一次吃**延庆软枣猕猴桃**，的确令人兴奋，它那颠覆的视觉、绵甜的滋味，配上它的生长环境，给人充分的想象空间。

据1990年出版的《北京果树志》记载，这种猕猴桃也称“葛枣子”“木天蓼”或“葛枣猕猴桃”，“北京地区在昌平、怀柔、延庆等县山区偶有发现”。

说其“果实在热水中浸泡5分钟自然干燥后就是中药木天蓼”，“可治神经痛、风湿病、腰痛等”。最惊奇的是这果树枝还有“急救”作用，《北京果树志》载“野外工作者啃食葛枣猕猴桃枝可消除疲劳”。只是不知啃树枝的味道如何？

冬季，我们可以看清山谷中延庆软枣猕猴桃的养护工作和引导枝条生长的支架的搭建，工作量很大，还需要精心管理。

延庆水头村海拔千米，基本无盛夏季节，多数时间的白昼温度在10 ~ 27摄氏度之间，这是软枣猕猴桃的适应

水头村峡谷中的延庆软枣猕猴桃树

温度。冬天，这里最低温度在零下 8 ~ 15 摄氏度，也是软枣猕猴桃生存的极限。

其实，在延庆水头村的这个山谷深处，很早以前就生长着大量的野生软枣猕猴桃树，它们在这里已经具有极强的生命力和适应力。

这些古老的野生“软枣”植株具有极强的生命力，现在将其作为今天延庆软枣猕猴桃的扦插砧木，使这一古老的水头村稀有物产更加地道，成为京城果篮里最具北京特色的奇异果。

延庆软枣猕猴桃还有一个奇异之处，它是雌雄异株，

图中土培圆坑中的砧木树就是山中的野生老“软枣”树

据说，如果扦插种植不专业，会造成整片地绝收。只是您大可放心这里专业的种植技术，除了人工授粉的辅助，在这个山谷中最不缺的就是蜂蝶虫鸟。

此外，这“软枣”的花也像极了枣花，小而密，黄绿色，这样的“枣花”是否应该被叫作“桃花”呐？

延庆阳光充沛，艳阳高照的时日很多，软枣猕猴桃喜阳，但也耐阴，山谷中阴天有风也是常事，延庆软枣猕猴桃对这种天气与生俱来地具有适应性。

延庆，全域的土壤呈弱碱性，pH 值 7.8，这恰好是延庆软枣猕猴桃生长的最佳土质。

延庆地区的降水量不稳定，年均降水量不足 480 毫米。这个山谷的降水也听龙王的，旱涝不定，为保证延庆软枣猕猴桃的产量，适时浇水、铺设浇水管是管理好软枣猕猴桃的重要工作。

水管沿着延庆软枣猕猴桃的植株架子被铺设上山

冬季显露出的灌溉水管更明显

不得不说，今天的千家店，延庆软枣猕猴桃是一个品质独到的延庆特产，除了具有很好的营养价值以外，甜柔的味道和口感，在水果中可拔得头筹，且能保证您吃到的每一颗延庆软枣猕猴桃都是甜的！

因为，这个奇异果必须是树熟了才能摘——有人试图在果子硬点未全熟时先摘，以便运输，还可提前上市卖钱，但事实是“绝无可能”！因为不到十分成熟时，这“软枣”根本没法吃！这大概是造物主做好的初始设定，也是百姓赋予其“软”枣的定义吧，无法更改。从另一个角度讲，这天然保证了延庆软枣猕猴桃的特定品质。

延庆软枣猕猴桃好吃，非常甜，盛果采摘期只有 1 个

延庆软枣猕猴桃，不一样的外衣一样的甜！

月，且不可久存！您可千万记好了，每年的9月中旬进入延庆软枣猕猴桃的采摘期，您记着来千家店取货！

三、寻到了奇妙的延庆流苏茶

京城也有自产茶，山沟里的茶文化，不输江南茶饮

延庆，很令人惊喜的是这里还有茶！看看这图中的树，再看那芽叶，似是大叶茶。

嫩芽吐绿

这里也是春来采茶格外忙的景象，白底蓝花布衣似乎成了中华大地采茶女的标配行头

您可知它在哪儿？京郊延庆珍珠泉乡上水沟村。

沿着四宝路向山中进发，菜食河在右侧宽阔的河道中流淌，道路平坦，当转向庙上路时，离产茶处上水沟村就不远了。

其实，这深山沟里早就有野生的流苏树，这里的村民很早就知道流苏叶做茶的药用特性：消暑、清火，就是清热解毒、缓解疲劳、清肝明目。于是，流苏树叶和花在这一带民间有自采、制茶和饮用的习俗，只是村民们将它们称为山茶。

延庆一带山里的药用茶饮都被村民称之为“山茶”，不论原料是什么，都是山里的地道土产，去山上摘叶子，回来蒸、晒后泡水喝，对人体还有益处，所以被统称为“山茶”。

延庆流苏茶树在上水沟村大面积人工种植始于 2017 年，在北京农业职业学院教授的指导下，流苏茶树的种植、芽叶的采摘开始规范化，让原有的自用“山茶”成为具有一定规模的山中特产。

现在延庆流苏茶的制作有了固定的工序要求，它的出品等级只有一种——“高级”，所以，延庆流苏茶对树叶采摘的鲜嫩度和大小要求高。在这里定为每年的劳动节过后，5 月 8 日左右，要求“每隔 2 ～ 3 天采摘一次”，采摘期延续到 5 月底。一改流苏叶茶可以采摘到秋季的做法，因为只有这一时期的树叶鲜嫩程度符合高档流苏茶的延庆标准。

手工炒茶

摘下的鲜叶

5月采摘期，上水沟村的采茶人每天晨起至下午4～5点都在采茶，采摘以单叶为主。当天晚饭后开始制茶，直到子夜。

延庆流苏茶的制作以炒、揉、再炒、再蒸之后包装入盒（罐）的工序制作。

延庆流苏茶的成品样貌，从条索到成色，再到气味都近似青茶。

制好的延庆流苏茶

包装好的延庆流苏茶

虽然延庆流苏茶的炒制方式近似于绿茶，但因为萎凋的时间极短，或没有萎凋直接杀青，再加上流苏叶性寒凉，流苏茶味微苦且无回甘，所以延庆流苏茶选5月上旬采摘新出的芽叶，因鲜嫩而苦味极弱，冲泡时建议茶叶量少于一般绿茶的量。大体一杯水放茶量少于2克时，茶汤和香气都近乎青茶，而且汤色清、绿，三泡不减味，搁置2小时后再看，汤色加重但依然清亮有茶香，叶底呈展开的叶片。

第一泡的延庆流苏茶汤色清、绿

搁置两小时后汤色依然清亮

延庆流苏茶因药食同源，还适合久存，越陈越香，陈化后的茶饮口感更佳。

延庆流苏茶，可谓北京本地出品的特色自产茶。

还想告诉您，流苏花香气馥郁，开花期的流苏树更适合作为景观树。它植株高大繁茂，花的形状纤秀，开花时好似白雪压枝，更可爱的是它气味芬芳，只是盛花期只持续10天左右。所以，有人认为流苏树还适合作为盆景栽培。

流苏果可榨香精油

流苏树还结果，据说可榨取芳香油。

盛开的流苏花

入冬了，坚强的流苏果还挂在枝头

躬身探向白龙庙的大树

延庆流苏茶树喜光、耐寒还耐旱，对土壤要求不高，甚至耐贫瘠，更讨喜的优势是寿命长！据说在山东发现了两棵树龄过千年的古老流苏树。看来，流苏树盆景和延庆流苏茶真是养生岁月中的好伴侣。

去上水沟村的延庆流苏茶田，像是徒步去看山，流苏茶树种在山道两旁，抬头看山坡上，有一棵大树似飞身探首，树枝探入掩在树林中的白龙庙。

门上匾额

仅一间正殿的白龙庙

山道边的延庆流苏茶田

早年间，传统的延庆流苏茶本是野生大叶茶，村民们自行采摘后蒸青晒干，这茶既供白龙也自饮，祈愿风调雨顺和平安。

四、延庆茶菊

四海镇的优质茶菊在于天然的绿色

四海镇现在打造成“四季花海”镇，您可以理解为它的简称是“四海镇”，当然这是缘于这里的花海和四季。

山峦叠嶂的四海镇域，有限的山前平地现在种的全是花，那种令人欣喜的感觉溢于言表。

到了四海镇域，路边随处可见的观赏花

但四海镇最值得寻味的，当是**延庆四海茶菊**！这里的海拔比延庆城区高，昼夜温差大，又因这里寒冷时间长、日照辐射大，造成延庆的花朵着色艳丽，当地人都说这里是“北京的冰点”，所以这里的菊花在整个生长过程中最大的优点是不长虫！无须农药，饮用的安全感陡升！

成片种植的延庆茶菊

延庆茶菊的成品

延庆四海茶菊的顶级品是胎菊，而胎菊的技术关键点则在采摘，必须是未开放的花蕾，之后是严格的人工拣选。

延庆四海茶菊胎菊的采摘是项技术活

人工拣选，不合格的花将被丢弃

延庆四海茶菊也有白菊，香气盛，出品优秀。同样的不用打药、不长虫的优质茶菊，您可放心冲泡。

延庆四海茶菊白菊，同样可以放心冲泡的优质菊花茶

香飘漫天的四季花海，载着延庆山水的浪漫、清心舒缓，泡一杯延庆四海茶菊，让那香气入心沁脾。若是用四海镇的矿泉水冲泡，清香更溢。延庆四海茶菊，您可随时来四海提货。

五、延庆鲜玉米

老玉米吃出了新品味——四海前山的沟域山货

四海镇有四季花海，也有老母庙和响亮的“天门关”、恢宏的九眼楼长城，更有王顺沟的幽深探宝和大吉祥的农旅天地，每一处都叫人眼前一亮。

在延庆，几乎所有村庄，深秋的房前道边随处可见的就是贮存晾晒的玉米棒子。

看似一样的玉米，却能让您吃出不同的风味，感受不同的玉米食材，体验来自最质朴的玉米的浪漫风情，不信您来延庆沿着我们的“玉米圈”转一遍。

先带您品尝延庆鲜玉米的四海篇章。车子沿着王顺沟向南，路不宽但平坦，进入山沟后不远便有前山村的指示牌。

山村不大，几十口人，村中停车稍局促，四周环山，这儿的玉米甜中略糯，既有老玉米的香甜，又有些软糯，似乎有了现代人的新口味。

当然，前山村的**延庆鲜玉米**，最大特点依然还是儿时的玉米样和玉米味，只是今天的种植技术加上种子的严选，

玉米还是那个玉米，味道却香甜绵柔了许多

包装物上的图片真实得叫人想吃了它

让延庆鲜玉米有了水果玉米的脆甜爽口，还不失柔软香糯，成了非常值得赠送的农家礼物。

延庆，鲜玉米是大宗地产物品，关键是新鲜，当年的新品就有天然的香气，那样熟悉，挥之不去，之后的记述里，我们会在不同的乡镇与它邂逅。

六、延庆珍珠泉鸭蛋和延庆泉水蜜梨

都是泉水的功劳！古老的寒鸭戏水和鸭蛋腌制方式，让人依然可以吃到流沙的油蛋黄，还有让人一品难忘的泉水滋养出的蜜梨

延庆珍珠泉的泉水清冽，泛着涟漪，在阳光下闪着星光，一处、两处、三四处，每一处都叫人遐想那水中冒泡之处究竟有什么魔力？

只知道延庆珍珠泉的水好，干净，鸭子吃水、戏水长大，鸭蛋也大，关键是珍珠泉的水沏的盐卤水特别适合腌制鸭蛋！这大概就是大自然给搭配好的吧——也是**延庆珍珠泉鸭蛋**的秘密所在。当然，村里人喝的泉水和景点的泉水不是一个泉眼！

久负盛名的珍珠泉水腌制的珍珠泉咸鸭蛋

游水的鸭子蛋黄沙、面，出油，蛋清不散！而腌制珍珠泉咸鸭蛋的妙诀便是熟盐水——把泉水烧开后沏入放好盐的缸中放凉，将水、盐、鸭蛋按比例投放，这样腌制的珍珠泉咸鸭蛋，夏天 35 天出油，冬天 50 天出油。

村里人说：“水鸭子的鸭蛋大，旱鸭子的鸭蛋小。”现在珍珠泉的水鸭子很少了，不能在河道里养，只为生物性净化水而养了几只“卫士”，但却成了一景，特别是料峭寒冬。

如前所说，都说入水的鸭子蛋黄沙、面、流油，蛋清不散。您可以此为“标准”，检验一下您买回去的鸭蛋品质。

寒鸭戏水，碧波白翎

现在，每年延庆珍珠泉鸭蛋的最大销售量集中在腌制的咸鸭蛋上，这里最大的自制咸鸭蛋作坊，年出品量有15000千克，来的都是回头客，都说忘不了那一口流沙酥面、香郁满腔的珍珠泉鸭蛋黄。

2024年，在珍珠泉乡的珍珠泉村，和珍珠泉鸭蛋年产一样，都是超过15000千克年产量的特产，就是2017年开始种植的上千棵**延庆泉水蜜梨**树。其实，村里也不知道叫它什么梨更贴切，看样子有点像“秋月梨”，怕别人不认，村里也称它为“秋水梨”。管它叫蜜梨，那是因为它的糖度能达到 16°Bx！

2024 年算是延庆泉水蜜梨的高产年，因为这年的 5 月没有出现倒春寒！

延庆泉水蜜梨

延庆泉水蜜梨，当地村民都说它长得丑，有楞，大小悬殊，还有些发青发绿，口感上套袋的有点艮，但个儿大；说不套袋的口感酥脆，但是个儿小样貌差些。总之，长在珍珠泉村这个比延庆城区的平均温度还要低 2 摄氏度、海拔 630 米以上的山里，以及昼夜温差的巨大差异，都有利于延庆泉水蜜梨的糖分积累。同时，这蜜梨还得益于它们被种在珍珠泉的泉水线上。

得天独厚的气候和水土，让它除了甜以外，几乎不占卖相的优势，关键还不易存放，树上成熟了摘，摘了就得吃。

其实，真实的山货就是这样吧，即使有冷库，延庆泉水蜜梨的储存时间也依然不能长久，它在整个生长期内，几乎都在靠天吃饭自然生长，但它的甜还是能让人

记忆深刻。

每年国庆节前后，总共 2 周时间，最长不超过 20 天，是延庆泉水蜜梨的树熟采摘期，过时不候，您可得记着时间，安排好了来延庆珍珠泉村尝鲜。

现在，蜜梨树上方覆盖了防护网，否则全被鸟和乌鸦啄了。

延庆泉水蜜梨熟了

这儿的乌鸦体形很大，没有天敌，且杂食，蜜梨是乌鸦们喜欢的食物，稻草人根本不管用。

珍珠泉村还有一种很小的水鸟，白色的，老乡们叫它“驴粪蛋子”，飞行速度极快，也喜欢蜜梨。村里常住人口不足 300 人，年龄偏大，没有防护网，这延庆泉水蜜梨还真不易丰收呢。

七、千家店茨顶土豆和牤牛沟谷子

山顶上的珍馐和熬制后芳香浸脾的惊“宴”之物

千家店，延庆最冷的地方。茨顶，千家店最冷的地方，海拔 960 米。

山顶上的茨顶村

新铺的柏油路直达茨顶村

2024年6月初，从山下的牤牛沟村到山顶茨顶村的道路铺设完成，可以通车了。路面平整，但碍于山路胳膊肘弯多，路窄，难以会车，使这条新路成为具有越野风格的路段，似一条小天路，直达制高点。

茨顶村原有100多户、500多人，风景别致，山峦叠嶂，植被茂密，小有意趣。当地村民都说，这里的植被可与松山相媲美，只是这山顶上现在缺水，20世纪90年代中晚期这个村就整村下迁了。

说起儿时的美食，“80后”的人都记得，那会儿的千家店茨顶，土豆当饭吃，每家能收个15000~20000千克，大的就吃了，中等大小的留种。

可喜的是，今天，我们还能吃到记忆中的山顶特产——**千家店茨顶土豆**，种在山坡上，是无法机械化除草、耕种的山货。现在茨顶村还有六七个人居住，都是故土难离的老年人，觉得住在这里习惯了。早年村里有井，现在井水也干了，不利于生活，山坡上种地当然就是靠着天落水了。

千家店茨顶土豆现在种的并不多，但因为周边几十年来都认这品种，上山来寻土豆的人挺多，于是也就没断了种植。都说千家店茨顶土豆是有回甘的土豆，淀粉含量高，烤熟了的口感有微微的甘甜，所以是山里的美味。

茨顶的山坡地多是黄土，村里人说，这里的土质偏酸性，与延庆大部分地区的弱碱性不同。每年人工除草是种土豆的大活儿。这里雨水少，土豆口感好，但亩产只接近2000 千克。2023 年降水量大，口感就差了。

山顶上的千家店茨顶土豆现在还是靠天看收成的纯天然土产，因为山顶寒冷、雨水少、日照强，造就千家店茨顶土豆脆、大、甜的特点。其实整个延庆区的果实物产都有一个特点，就是脆、大、甜。千家店茨顶土豆不过水切丝炒食也是脆的。

整装待发的千家店茨顶土豆

到延庆千家店，您可以进牤牛沟带点茨顶土豆回家，好存、好放、好吃。

说到进牤牛沟，就不能不提牤牛沟的土货——**延庆牤牛沟谷子**，一种熬制后叫人吃了满口留香的小杂粮。

延庆牤牛沟谷子

上茨顶村必先经过牤牛沟村。一条山沟路，沿千家店镇一路向北再向西行，您可以步行走进牤牛沟，村中无甚可停车的大场所。

10月下旬时，这个深山沟的村里便有脱粒的谷子堆在小机房旁的空地上——小小的、黄色的，谷粒不大，也并不十分饱满，一切都是那么自然而随意。这些年这里的谷子种植也不多，20多亩地，200多千克的亩产。

但您记着，新鲜下市的延庆牤牛沟谷子一定要买来熬粥，不用碱面不用勾调，清水煎熬 40 分钟以上，掀开锅盖，那股稻谷香气便扑鼻而来。舀起一勺，看那米汤稠稠的、黏黏的，喝一口，香柔沁脾，口内余香久久不散。

不夸张地说，今天超市中的各种杂粮早已琳琅满目，随意可得，但如此新鲜扑鼻、有着天然香气的谷物，却不易得，延庆牤牛沟谷子的香叫人久久不能忘怀！

延庆牤牛沟谷子，其实就是您最为熟悉的小米，学名粟。它耐旱，这里雨水少，山上的土质透气性高，过了寒露，谷子就要收获了。

一般来说，我们会按书上的说法，把没有脱壳的粟子称为谷子，把去了壳、可以直接熬粥煮饭的粟子称为小米，但延庆牤牛沟的村民们只称它为谷子，按当地的口音“谷”被念成“gū”。

喜欢这种混搭的称谓，因为没有尝到过这么香的小米，可以熬粥，可以和大米混拼煮二米饭，都会充斥着牤牛沟谷子的香味，所以，主观上便不愿意认为它就是小米，而宁可记住它的当地土称——延庆牤牛沟谷子。10 月中旬您可想着来牤牛沟拿货，产量低，晚了就没有了。因为吃了都说好！

其实，无论是牤牛沟村还是茨顶村，山坡上还有大量的杏树。早年间这里出产大量的山杏仁，即使是现在，山上的山杏仁依然产量较大。延庆，一直是京郊**延庆仁用杏**的基地，杏仁除了制药还可以榨油，延庆杏仁油可是几十年前就出名的珍品，京城只有延庆可以买到少量的杏仁油。

可惜的是，现在村里的老龄化严重，杏仁已经没人去捡拾晾晒了。村里偶尔也会有人来收杏核，基本上是每斤[*]3.7 ~ 3.8 元的收购价。延庆仁用杏，是专为杏仁而种的树，都是好东西，就是老一辈没力气干活儿、捡杏核了。随着多年的生态养护，现在，茨顶已有野猪出没了，捡拾杏核更加不易了。

* 注：旧时计量单位，1 斤 =0.5 千克，后不再注。

八、延庆黄芩茶和 3000 亩杏树

花盆村中杏林树下生黄芩——浑然天成的药食同源

千家店的最北边还有一个花盆村，就是那个有市级文物保护“花盆关帝庙”的村子，从花盆村再向北就是河北省赤城县的东卯镇区域了。

花盆村的山坡上最为震撼的是 3000 亩杏树，以及杏树下的延庆黄芩茶，这是延庆区目前最大的一片黄芩茶种

成片的杏林树及其树下的黄芩茶

植基地。杏林树下黄芩茶，圆了中医药食同源的养生梦。

千家店的黄芩是杏树的林下经济植物，每年初春 3000 多亩的黄芩发芽，上方是盛开的杏花，一片秀丽的景色。

延庆仁用杏树下种黄芩

延庆早年就有野生的黄芩茶，延庆全域都生长。传统的生活习惯中，延庆的百姓各自进山采黄芩叶，回到自家晾晒，有的人家还要蒸一下，再加入遍地都有的其他草药，制成的茶统一称为山茶。

黄芩花

百姓自制的延庆黄芩茶，又称山茶

生长3年以上的黄芩根茎可以入药，而**延庆黄芩茶**的炒制，则是每年开春后冒出来的小叶芽，采摘这小叶芽来炒茶喝，才能保有延庆黄芩茶的最佳品质。

都说黄芩茶可以缓解失眠、止咳润肺，还有保护心血管的作用，是一种典型的养生茶饮，药食同源的典范。冬季的延庆，冲泡一杯延庆黄芩茶，清清的茶香加上清澈的汤色，静守一本小书，依栏凭窗，远处的山景映入眼帘，惬意而温馨。

延庆黄芩茶，五泡而茶味不减、汤色不锈。

延庆隆冬中轻煮时光慢煮茶，可独坐、可闲聊。

菜食河畔珍珠泉乡八亩地村

第二章

秀色可餐

红色与栗色——大庄科的主色调

大庄科的寻宝之旅色彩分明，君可见延庆红油香椿、延庆铁皮山楂（山里红）、延庆冰糖海棠，让漫山红遍；亦可见延庆板栗、延庆核桃、延庆杏仁似赭石呈现；更有董家沟绽放出延庆牡丹的缤纷色彩。

大庄科，农旅丰产之路；大庄科，红色旅游路上有采食不尽的土产；大庄科，怎么去都风光无限。大庄科，最为迷人的，不仅是寻味路上那抹艳红的惊异绽放，更有丰富的人文景观、传说故事和绝佳的清代壁画。

大庄科，须细说慢游的乡村！

一、延庆红油香椿

生于“平北红色第一村”沙塘沟以及传说中的兄弟村景而沟，只食头茬儿的京城香椿

大庄科的色调以红色为主，您能看到红色根据地在这里的燎原之火，山石上远远地看见“红色大庄科”的字样，无论盛夏翠绿的山上还是严冬清冽的凸石上，那红字都醒目地印入人心。

大庄科，红色的寓意也被大自然恰到好处地展现在它的物产上，延庆红油香椿，沉淀了浓郁芳香的山珍；延庆山里红，又名延庆铁皮山楂，带着古老的传说，印证的老树还在，子孙受用；还有那鲜为人知的延庆冰糖海棠，鲜食的甜果，颠覆了延庆八棱海棠冰着吃的舌尖味觉。

延庆大庄科乡沙塘沟村“平北红色第一村”纪念馆

沿着山路开进大庄科沙塘沟村，平北红色第一村纪念馆立于高大的台阶之上，给人肃然起敬的视觉冲击。纪念馆展区内容分设上下两层，讲述 1938 年年底这里的“几名朴实农民宣誓加入中国共产党，成立了平北地区第一个农村党支部”，以及他们在抗战期间浴血奋战的历史事迹。

村内现存沙塘沟战斗遗址、第一批党员活动旧址、消息树旧址等。

沙塘沟，气候寒凉、温差大、冬季漫长，让植物的生长在地域寒冷的状态下极具收敛养分的功能。春季，缓缓复苏的香椿树，肆意生长在沙塘沟村里的每一条街上、房前屋后、山坡阴面，村里的老香椿树已历百年风雨。

沙塘沟，山地贫瘠，土壤为淋溶褐土，含有沙石；这里干旱少雨、山沟里的阴坡处日照时间短，植物生长缓慢，也无须人工施肥打药，天然的抗虫害性像是大自然对这里的眷顾，出品的**延庆红油香椿**，油性大，香气浓烈，纯天然。

沙塘沟的延庆红油香椿树，在周边几个村也都有生长

要说今天延庆红油香椿的人工管理，只有一条不可触及的底线，就是“只吃头茬儿”！目前村里有延庆红油香椿 300 亩，头茬儿可收 5000 千克，村里统一收购，以确保品质。

大庄科沙塘沟的延庆红油香椿，只在每年 5 月中下旬，头茬芽叶长到 10 厘米以上才可采食。之后，您将在第二年才能再次吃到延庆红油香椿。为了在这寒凉之地保护好先人们和大自然的馈赠，全村百姓都懂得不急功近利地毁树，而是恪尽职守地保护。这是一种简单易行、不失为苛刻的保护手段。

与沙塘沟气候环境一致的村庄还有比邻的景而沟等村，这一带都有品质极佳的延庆红油香椿树，丰产年周边几个村能有 20000 千克上下的产量，百余万元的产值。

与沙塘沟村紧邻的景而沟村也是延庆红油香椿的主产区。都说景而沟村与沙糖沟村原本就是亲哥俩各自安家的地方，一条进山路呈 Y 字形分叉，有路牌指示，分别通向这两个山村。

早先的景而沟，因有一眼明代建村时开凿的清泉水井，而得名“井儿沟”。直到今天，这里还是泉井依旧、水质甘洌、环境清幽的小山村。20 世纪 60 年代“井儿沟”改名为“景而沟”。

景而沟不仅是延庆红油香椿的主产村，还是昌延联合县民主政府当时决定在此村召开第一次民主议会的地方，更是一个靠山吃山、拥有丰富五谷文化传承的山村，一个延用水代法榨取山核桃油和杏仁油的山村。

景而沟村内有一座龙王庙，位于村委会东侧50米处高台上，环境雅致。始建于清代，2022年重修，坐北朝南，正殿三间，现存一间，目前殿内无展陈。

与主殿并排而建的东配殿，就是昌延联合县民主政府第一次民主议会的开会地点。据说，2025年这里将布展成“昌延联合县民主政府第一次民主议会会址”纪念馆。

景而沟龙王庙左前方20米处，有一石砌土台，为古戏台，其北侧靠西砖上遗留有建造时民工的刻字：光绪九年二月初六日石工九十八个。

景而沟最不可复制的资源是古树，有600年树龄的古

秋季的五角枫等您来了再红

油松傲雪，历经 600 年沧桑

油松，260 年树龄的五角枫！秋天到景而沟来看枫叶红了，春天到景而沟来赶香椿熟了，夏日避暑、冬季看雪，景而沟等您来。

在此还想告诉香椿的拥趸，延庆红油香椿那馥郁的油脂香气和暗红的芽叶，都是积累一年的养分而得，富含蛋白质和高钙质，焯一下再炒制或凉拌，定能满足舌尖的味蕾欲望。因为油性厚重，延庆红油香椿可以存放几日，您值得来沙塘沟和景而沟走一趟，捎回一年一次的美味。

红得发紫的延庆红油香椿

延庆红油香椿，叶芽色重，红得发紫。您可记住啦？

二、延庆山里红，也称延庆铁皮山楂

有百年老红果树守护下的霹破石“绝庙”及传说

大庄科，红色色调随处可见。到大庄科，一定不能忘却的是这里的百年山楂树及它的果实。

霹破石村，一处山石独特、似万千天石陨落、有天人造作的地方。

伫立石下，似乎能听到那个美丽动人的故事——当然是天女与凡人的故事：当年有位红衣天女看上了这里的小伙子，他勤劳善良，高大俊朗，天女忘记了自己的身份，因为喜欢红色，便将天庭的铁皮山楂树带到了这个村庄，想让山楂的火红、酸甜给这里的百姓带来快乐美好的生活。

故事开始于深秋一个风和日丽的下午，小伙子在山中砍柴，邂逅了美貌却“迷路”的红衣天女，百问不知这女子家在何处。

陨落在霹破石村的天石

于是，小伙子告诉女子，家里还有老奶奶健在，天色将晚，先跟他回去找奶奶，明天再帮她找家。

延庆的山石多是这样的

女子跟着小伙子来到他那仅是干打垒的土棚子家中。小伙儿麻利地收拾着炕，奶奶则欢喜地瞧着姑娘。

女子并无扭捏，一边帮着收拾，一边拿眼打量着屋外的院子，趁着小伙子没注意，往院子里吹了口仙气，栽下了两棵铁皮山楂树。第二天一早，小伙子惊讶地发现，院里多出两棵树！他忙问：“这是怎么回事？”

姑娘不慌不忙地说：“许是善报所得！来年秋天就可以收获红红的、酸甜的山里红果了。”姑娘还告诉小伙子：“此后这树每百年重生一次，世代不息。”小伙子惊叹：“简直太神奇了！”

村民们说果子大的叫“红果”，小的叫“山楂”，想来大小果的叫法应该是村民的土称吧，因为园林局的树牌上还是写着“树种：山楂”

可以存放到冬季的延庆铁皮山楂

这是小果，村里人说小果才叫山楂

自家晾晒的山楂干

岁月似乎好起来了，第二年的山楂卖出了好价钱，因为稀罕，小伙子和天女开始在村里漫山漫坡地种植铁皮山楂树。姑娘似乎没有要寻家的意思，只在这里吹仙气、种各种果子，山上渐渐有了板栗、核桃、杏，还种了玉米、谷子和黄豆。

这里位于延庆南部，是延庆的暖湿气候带，几条沟域的山村里出品的**延庆铁皮山楂**或称延庆山里红，口感细嫩，入口绵化，香气独特，酸甜适度，果实红艳。每年10月下旬，延庆山里红便进入成熟采摘期。今天，在大庄科，延庆铁皮山楂的种植面积已达2000多亩，年产最高可达3000000千克。并已开发出延庆山里红果汁、延庆铁皮山楂核桃糕等零食产品。

再说天庭中天女私自下凡的事，自然不会隐瞒太久，不出两日便被仙界发现。天界不能容忍的是天女似是在人间动情了。

俗话说："神仙动情，三界不宁！"这事儿是不能被许可的，这位天女也是必须被带回天庭的。

一个风雨交加的夜晚，天庭派雷公扮成一位老年行乞者，悄悄来到了这个村子，径直来到距天女和小伙子家不远的一户村民家中乞食，村民将全家四口仅剩的一小碗杂粮粥全部给了老乞丐："外面下雨了，您就在我这里歇一宿吧。"

看着这一间屋子半间炕的低矮窝棚，老乞丐还是点头应允了。其实，雷公深知他此番前往人间的任务，天庭震怒：带回天女、雷劈山村。

望着眼前贫困却不失善良仗义的一家人，雷公开始动摇，他先施法令村民深睡，之后飘然来到村内，此时天庭为给雷公助力，已开始将巨石凌空抛向此村。天女惊醒后来不及与小伙道别，悄然来到村中，恰与雷公相遇，天女完全明白了，只对雷公说："莫要伤及村民，我同你回天庭！"雷公正是此意，二神先将大部分陨石击碎撒向山顶，再将大块的陨石接住，安放到村后的无人无果树的山坡上。

"安插"在霹破石村的天石

此时天庭下令："雷劈村庄！"天女用手一指山尖上的一块山石，雷公神领……

一切都那么快。村民们被施了法，安睡了一夜。

第二天太阳照样升起，只是天女不见了，令小伙子和奶奶伤心。那户舍粥的农户醒来时，见到门户紧闭，而老乞丐却不知如何出去的。

此时村里有人在喊："这山石像是被雷劈了！"于是，村里的人们努力回忆着昨夜下雨之事，有人说听到了雷声，有人说根本没有打雷……众说纷纭，但村北的巨石的确是一夜之间被"斫为数瓣"！

此后，这里被大家称为"霹破石村"。

村北的巨石的确是一夜之间被"斫为数瓣"

现在再看这里，是真的层峦耸翠、上出重霄！从那以后，这里物华天宝，果树成林，因为，天女在上面看着呐。

后来，人们在霹破石上建了一座"绝妙"之庙——霹破石真武大帝庙。更绝的是，庙前极为局促的山石上，生长着一棵树龄300年以上且为延庆唯一的一株毛楝古树！

立于霹破石之上的绝妙真武庙

庙前石台仅宽1米

据说这毛楝树在冬季于树皮开裂处或折断的树枝处会有红色的汁液流出，此树汁可治眼疾！想来，这大概也是红衣天女带来的吧？后来在村子远处的山上，村民们还建了龙王庙和玉皇大帝庙，今天还在。

在大庄科霹破石村的毛梾树，延庆稀有树，一级古树

三、细数散落大庄科的山珍

延庆冰糖海棠、延庆板栗、延庆核桃、延庆杏仁和难忘的延庆杏仁油

大庄科，山石奇异，果树成林，除了霹破石，还有一处山石俏丽之处便是莲花山。更令人感叹的是这石涧深处的物产，有天作，有人为，无不透出天工之妙与人力之勤。细细数来，鲜为人知的山珍好物中，被唤作“延庆冰糖海棠”的果子当列第一。

延庆冰糖海棠，不同于延庆八棱脆海棠和延庆八棱海棠（老八棱海棠）的鲜食方法。延庆本地人都知道，延庆“老八棱海棠”果子得冰冻了吃才更甜美，类似北京的磨盘柿子。而这延庆冰糖海棠却是树熟鲜食才最美，甜而不涩、果肉细腻、汁水丰盈。

每年 9 月后海棠成熟，树上长熟的海棠像冰糖般甜，红红的果子摘下来就可鲜食，那滋味，叫人食之难忘。

大庄科，这么红艳甜美的果子是否是红衣天女所为？是为她的不辞而别给众乡亲的回馈吧！因为这冰糖海棠只有大庄科有，且现在难寻！您记着海棠熟了的时候来大庄科寻寻看。

再说**延庆板栗**，在延庆基本集中于大庄科和周边的几个村，当地人认为是燕山板栗产区带上的山珍品种，也称燕昌栗，在延庆以大庄科为主要产区，现在有 2000 多亩的种植面积，相对集中。延庆板栗的特点是甜香而富糯性，每年的 9 月中下旬果实成熟，好年景时结果能力强，丰产且可持续稳产，但气候环境差时，就会出现坚果小、出籽率低、色泽差的现象。

现在的延庆板栗，百姓口中称为油栗子，个头中等，外皮油亮，棕褐色泽纯正，熟食口感甜绵。

而**延庆核桃**在大庄科的出品同样不一般。

在延庆，核桃的主产区依然在大庄科，八达岭镇石佛寺村等南部几个乡镇的村庄也有种植。延庆核桃生长迅速、抗寒、抗旱，较耐贫瘠土壤，冬季不抽条。这里气候相对寒凉，使延庆核桃的内隔膜厚而坚硬，同时造就了延庆核桃的果仁浓香、含油量高的特质。

大庄科文玩核桃

除了大伙儿都知道的食用核桃外，这里还有一种文玩核桃，即大庄科文玩核桃，是用来盘着玩和健身的，通过刺激掌中穴位达到活动筋骨的作用。

核桃在大庄科，可食可玩，既有坚果和油料品种，又有把玩锻炼之物，这在延庆也是独有的。

大庄科还有**延庆杏仁**和难忘的**延庆杏仁油**。

在大庄科，延庆杏仁被称为黄扁子，是当地的山杏仁，以甜杏仁居多。每年清明前后，满山遍野的都是杏花，接着盛开的是山桃花，若此时站在明长城上眺望莲花山，初春时节绽放的杏花格外壮观。

再说大庄科的延庆杏仁油，是民间水代法的手工提取方法，世代相传。现在延庆杏仁油的成品有两种工艺，一是普遍采用的压榨法，出油量高些，便于提高产量，是生产厂采用的方法。

另一种就是百姓家中小作坊的传统工艺“水代法”，现如今已由古老的完全手工方式，进入到半机械化的出品方式，稍省人力。尽管如此，因工艺本身的原因，产量也不大，但小型作坊都可生产，且水代法提取出品的延庆杏仁油更加清亮。

目前，水代法延庆杏仁油的工坊制品在大庄科的景而沟还可以找到。

在延庆区内，许多村庄和半山上都有大片的杏树林，山杏仁的数量很大，但近年来捡拾的劳力少，收购价却不高，出产量自然就不高。好在许多村民还保留有自制杏仁油的手艺，产量谈不上了，只是亲戚朋友送送礼，自家留用一些而已。

晾晒中的延庆杏仁

四、延庆牡丹

牡丹仙子守护的董家沟，百年牡丹树盛华在世

提到**延庆牡丹**，就不得不提到那株堪称京城最古老的百岁牡丹树了，而说到这株 300 多年树龄的牡丹树，就不得不提到董家沟村。

沿山路进入大庄科西部的董家沟村，便已是山沟路的尽头了。迎面撞入眼帘的是各种画着牡丹花的墙——村民的房屋山墙、村里的文化墙，都是牡丹花。

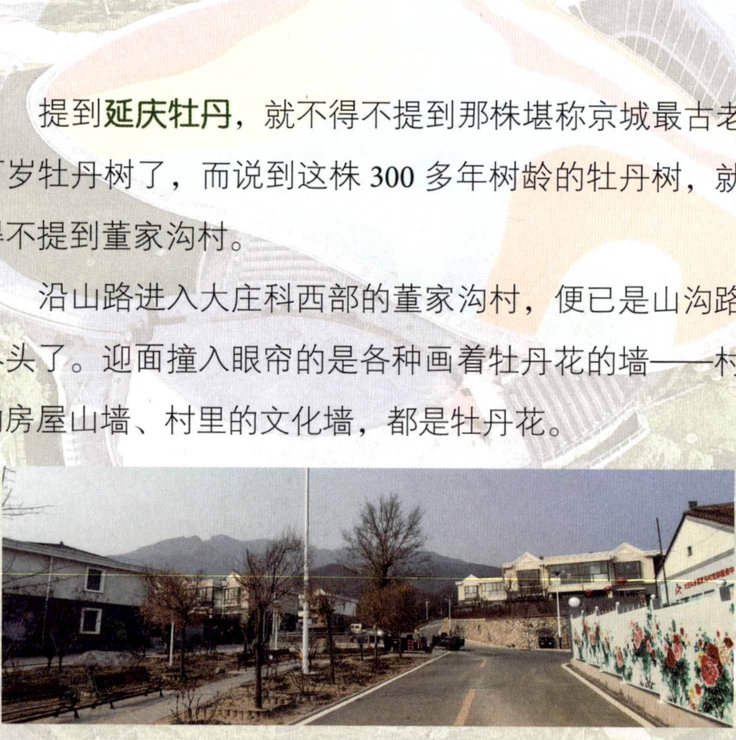

到达的第一件事当然是去看牡丹王树。董家沟村极目所见的地方到处种的都是牡丹花，京城最老的牡丹王树现在生长于董家沟弥陀寺（佛爷庙）门外墙下。

11 月上旬的牡丹王将进入它的休眠期

牡丹是非常抗冻的植物，大庄科地处整个延庆区的中南部，极端天气相对少，人们会在入秋后对延庆牡丹的施肥中，将土深翻，用高位封土的方式为牡丹防寒，以便过冬。

延庆，因为开春后的气温回升相较北京城里要缓慢许多，牡丹的回春和开花时间也较晚，每年劳动节至 5 月中旬是延庆牡丹的最盛花期。因为孕育花朵的时间长，所以延庆牡丹的花朵都很大，开花时惊艳万分。

300 年牡丹的傲娇

奋力开花的牡丹王，让延庆牡丹的芬芳富贵流传至今

董家沟村民多有种植牡丹的习惯，全村种植了牡丹田 160 多亩，拥有 20 多个牡丹品种，是闻名的牡丹村、园艺村。弥陀寺门前的牡丹在村史馆中记述为现存的“一株明代牡丹，已有 300 多年的历史，据考证此牡丹为长江以北唯一一株传统的木质牡丹”。

牡丹王侧的董家沟弥陀寺始建于明代。村里说弥陀寺最早是“弥陀庵”，后改为“寺”。2008 年之前有一位喇嘛师父住寺中自愿护持，大约有 3 年光景，直到北京奥运会前。

弥陀寺里最令人惊叹的是壁画和砖雕，该寺明代建成后，清代做了修缮，寺内壁画上最突出的是四目神形象，如此造型的画像在国内的庙堂壁画中，甚至在龙王庙中也

行雨图中的四目神助雨、监测雨量　回宫图四目神抱尺

并不多见。董家沟弥陀寺壁画之精美堪称延庆一绝。

通常认为四目神是仓颉（jié），据地方民间传说，也有鲁班的说法。仓颉造字，而鲁班则是龙王布雨时的“雨量监测员”，手中的木工尺就是测量工具。

董家沟弥陀寺主殿东西两侧的壁画分别被两块黑板破坏（此庙一九四九年后做过学校），所画内容是龙王行雨

四目神怀抱木工尺，此图应该是龙王回宫图，黑板用黄绸遮挡，但壁画也被破坏了

看眼神！带着画师的诙谐

看细部，融入了画师精益求精的艺术追求

弥陀寺的砖雕

图和雨霁回宫图，此四目神是鲁班。

每年的“五一”开始，您想着来这里看据称是最古老、最大、最美的延庆牡丹时，还可欣赏到弥陀寺的壁画，它可算是延庆寺庙壁画中水准最高的壁画之一。

来延庆观牡丹还可去妫川牡丹园和阜高营村的国色牡丹园。

五、艳遇美食和传说后再说大庄科

大庄科呈现出的是一幅深山中的立体农业风貌，从农林特产到自然景观，可谓游购一条龙

与千家店的山高谷深、景色优雅不同，大庄科的公路蜿蜒盘旋，更多的是行驶在山脊山梁之上，凸显景色的壮美。整个大庄科乡浸润在充满了人文色彩的民间传说中。

大庄科的名称由“大庄窠”演变而来。“窠”通“科”，原意是昆虫、鸟兽的巢穴，被借指为人居住的处所，后泛指庄田、庄园。明永乐元年（1403 年），在今大庄科乡域置筑猫儿庄军堡，规模庞大，类似放大版的“庄窠”，即四周用打板墙围起来院落，在围墙之上再建房屋，用于居住和防卫，被人们称为“大庄窠”。清军入关前的 240 多年间，大庄科一直是重要的军事堡垒。清乾隆中期军堡被弃置，转为民堡，但“大庄窠”的名称被延续使用，后逐

渐演变为“大庄科”。

从昌平至河北赤城县的昌赤路南北纵贯大庄科，将大庄科乡切分为东西两半，西面是北斗七星状的后七村，那里是京北地区的红色摇篮；东面是连绵相接的龙泉峪古长城遗址和莲花山森林公园。

沿昌赤路由昌平进入大庄科最南端的解字石村，途经乡政府所在地大庄科村，一路向北，从最北端的东二道河村穿出便可直达延庆区的永宁镇。

来大庄科，一定得细说的是“后七村”——美食之外的美景。

前文所述的大庄科景而沟、沙塘沟、铁炉村、霹破石、慈母川、董家沟、里长沟七个村原属昌平，因坐落在十三陵的后山，称为后山七村，于是有了“后七村”之称。所以，在大庄科虽有后七村，但并没有前七村。

这七个村子的分布状如北斗七星，从勺口位置的景而沟开始，由景而沟、沙塘沟、铁炉村、霹破石四个村结为斗身，慈母川、董家沟、里长沟三个村构成斗柄，浑然天成。

在抗日战争时期，“后七村”是平北抗日根据地的核心地带，具有重要的历史意义。今天，“后七村”拥有的奇特乡土特产和奇异精致的村级景点，让您一边游逛一边捎货，此外，您还能体验延庆乡村民俗文化中富含的别样情趣。

再说**景而沟。**

景而沟村口高台上有一间坐北朝南的小庙，极不显眼，但这是始建于清光绪九年（1883 年）的景而沟山神庙，殿内塑像和壁画早被损毁，2024 年重修后原有的壁画仅在西墙上残存了一只狼。

壁画中铁链拴着的狼

延庆地区乡村寺庙中狼的画像只见于“报庙”，即旧时百姓家中有人去世需向祠堂村庙报告的场所。此庙的这种功能在今天的景而沟已极少有人使用。

没有挂牌的景而沟山神庙

北京郊区农村不设祠堂，却村村有报庙，遵循报死不报生的传统习俗。旧时认为人死后魂归地府，家属要到祠庙去为他们报到，向阴间的神灵告知死者的到来，同时也祈求神灵的庇佑，让死者在阴间能够顺利通行，少受磨难。

有些村子有专门的报庙、阎王庙或是五道庙，有些村子则是由土地庙、山神庙、龙王庙等兼负其责。报庙仪式也称“送浆水”，通常要准备一些浆水（用面粉等熬制的稀汤）、香烛、纸钱等物品。在出殡前，由长子或其他亲属端着浆水罐，带领家族众人前往村中报庙，一路上要边走边哭，进庙后将浆水倒入庙前的水坑或特定位置，同时焚烧纸钱，上香，磕头祭拜，告知神灵家中有人去世，请求关照。有的地方还会在庙前为死者举行简单的“梳洗”等象征性仪式，意为让死者以整洁的面貌去“阴间”。

再说**霹破石。**

霹破石村得名于村口一块被裂缝贯穿的巨石——霹破石。

另有一个传说，村东西山脉各有一条龙，两条龙的龙头正好位于村口，呈二龙戏珠状，刘伯温游历到此，便用霹破石将两龙头镇住，以防出现新的真龙天子。

始建于清代的霹破石真武庙仅有主殿一间，兀立在周长14米、高8米的霹破石顶，受环境制约，其建筑空间较小，坐北朝南。贴着石壁，可沿着仅容一人通行的32级石阶小径盘旋登顶，主殿内供奉着真武大帝铜铸坐像，西侧是一尊财神彩绘坐像。

霹破石真武庙整体风格古朴简约，与周边的自然景观和古村风貌完美融合，在周围如天降巨石阵一般的山景衬托下，凸显罕见又极为独特的气质，是游览延庆的必到景点之一。

霹破石的巨石缝隙里生长的树龄300多年的古毛梾树，是北京市唯一一株一级毛梾树，编号为110129A00087。

再说董家沟弥陀寺。

俗称佛爷庙，始建于明，清代重修，坐北朝南，一进四合院，由山门、影壁、主殿三间，以及东西配殿各三间组成，占地400多平方米。主殿供奉释迦牟尼佛、阿弥陀佛和药师佛。

最难得的是主殿内保存相对完好的清代壁画，其艺术水准之高为延庆罕见，值得慢游细看！据庙内《先代功德记》碑文记载，壁画大约绘制于清中后期。

北山墙的五龙圣母、华严三圣与火神被帷幔遮挡难得一见，而东山墙的龙王行雨图和西山墙的雨毕回宫图则清晰完整，一幅幅细腻的画面一起构建出宏大场景：乐手们演奏着手鼓、堂鼓、大钹、云锣、唢呐虔诚恭顺；老人家背着孩童手提竹篮，一边瞥眼看天，一边快步奔行；小媳妇骑驴打伞赶着回家；奔跑的马和鹿试图不让雨淋湿身体；四目神鲁班爷头戴儒生巾，身着布衣，手持木尺在认真测雨量；五色龙王各骑坐骑，携带云童手持海碗展现身手，

风神俊朗、表情各异。

董家沟佛爷庙的壁画虽在特殊年代有所损毁，但依然是北京地区古代壁画中不可多得的珍品。

美丽的大庄科**莲花山**森林公园从汉家川河南村进入，总面积 6 平方千米，紧邻昌赤路，交通便利。莲花山主峰海拔 1005 米，山体多为花岗岩，山石呈粉红色，远远看去仿佛是一朵巨大的粉红彩晕莲花苞。清明前后这里是最美的延庆杏花观赏点。

莲花山上植被和人文景观丰富，绿树成荫，夏无酷暑，比北京城区低 4 ~ 5 摄氏度。山上有钟离古庙、会仙台、脱俗洞、三佛映壁、流壶飞瀑、一线天等景观。

钟离古庙：又叫八仙庙，位于莲花山半山腰，为清代所建，三合院式，正殿有匾上书“会仙堂”。传说汉钟离曾在此出家修行，并与吕洞宾聚会，农历四月十五为汉中离诞辰，附近村民多来此进香。

会仙台：是一块长 25 米、宽 12.5 米的巨石，可容纳 300 人席地而坐，据说曾是八仙聚会休憩、纳凉、娱乐之处。

脱俗洞：传说汉钟离辞别老母到莲花山修行，行至此处遇巨石拦路。顺着洞内涌出的泉水进入洞内，经铁拐李点化成仙，最终了结尘缘，故称脱俗洞。

三佛映壁：在莲花山半山腰部有三尊 70 余米高由自

然岩石形成的巨佛，呈现出奇特景观。

流壶飞瀑：小溪从几十米高的山崖上急流而下，恰似茶壶倒水，因此得名，此处常年有水，温度较低，是夏季游玩的好去处。

一线天：是莲花山的一处奇特景观，两侧山峰高耸，中间形成一条狭窄的缝隙，仅容一人通过，抬头仰望，天空仅成一线，让人感叹大自然的鬼斧神工。

大庄科乡的徒步穿越线路太美，太有名，网上的攻略太多了，所以不得不提一下这条入门级难度的徒步穿越线路：香屯→龙泉峪→水泉沟→香屯。

①从香屯出发。香屯村始建于明末清初，房屋院落依山而建，错落有致。村间碎石小路蜿蜒曲折，有上百年的古井、辘轳、石碾、石磨等，充满古朴的乡村气息。村后有明代栗树园。

②前往龙泉峪。长城由东向西自大水峪关进入怀柔再延伸进延庆大庄科乡的龙泉峪，是明代内长城的主线。龙泉峪长城由大块花岗岩筑成，保存较为完好。敌楼接天，气势恢宏，沧桑壮美，登临其上，将层叠山峦、蜿蜒峡谷尽收眼底。体力较差者只到达第一个烽火台就好。

③前往水泉沟。水泉沟以原始峡谷地貌闻名，溪流潺潺，瀑布成群，流水有时平缓如丝，有时奔涌四溅，多样

的水景让人目不暇接。峡谷中怪石嶙峋，植被茂密，景色宜人。

④从水泉沟返回香屯。水泉沟中部的石浪谷，因流水与石头撞击泛起层层浪花而得名，河水清澈，石头被冲刷得圆润且形状奇异。体力偏弱、时间较紧的游客在石浪谷便可开始返程。

这条线路全程 8 千米左右，累计爬升约 300 ~ 400 米，整体难度低，即便体力偏弱的人 6 小时也可以走完全程，适合大多数人群，在享受徒步乐趣的同时也不至于过度疲劳。以香屯为起点和终点，将自驾车停在香屯，无须走回头路，避免了交通上的不便，徒步结束也可以在香屯村休息或补充物资。

当然也可以只选择香屯到水泉沟，或者香屯到龙泉峪长城的徒步线路。前者为自然景观，后者为长城景观，往返 4 小时即可以完成。

北京市唯一一株300余年树龄的一级毛梾树

第三章

浓墨重彩

永宁、旧县、沈家营，
历史和文化的流淌，
积淀出深厚的底蕴

道不完古老悠远的卫城文化，看不尽精美深奥的壁画砖雕。永宁，玉皇阁下的四面古街，人群不断、商家密集。河湾的果脯，北沟的梨，永宁的豆腐人人提。沈家营桑梓文化的追求，一代仁宗促进“中兴”，承袭着华夏文明。旧县，县城治所功能殆尽，千年古树犹在，还有旧县羊蝎子的肉厚汁浓叫人铭记它的曾经。

永宁、旧县、沈家营，堪称延庆的馥郁之旅，每一站，都令人难忘。

一、逛不完的永宁城

满满的吃、住、行、游、购安排，“一日游”仅能完成初识永宁城的任务

永宁得名于明朝永乐十二年（1414 年）。永乐皇帝北巡时驻跸在今永宁城西北 15 里的团山，发现这里“厥土旷沃，群山环峙”，于是“迁民以实地，命官以莅民”，在东部设置永宁县。“永宁”之名，取自《尚书》中“一人有庆，兆民赖之，其宁惟永”，寄托着对于永远和平安宁的美好向往。

明朝永宁镇的战略位置十分重要，是拱卫京城的关键屏障。明朝时期永宁属宣府镇，为南山路指挥中心，是名副其实的军事重镇。

它有多大呢？“永宁城周长六里十三步。”永宁城城墙高大坚固，高达三丈①五尺②，接近 12 米、三层楼高，

①丈，旧时计量单位，1 丈约等于 3.333 米。
②尺，旧时计量单位，1 尺约等于 0.333 米。

设有东、西、南、北四个城门，永宁城墙配有角楼，防御设施完备，永宁城为抵御北方游牧民族入侵发挥了重要作用。

清代，永宁镇军事防卫功能相对减弱，商业开始繁荣，有“九街十八巷”的美称。粮食、布匹、铁器等各类商品在此汇聚交易，成为周边地区及北方与京城交换物资的集散地。

纵观永宁城，它有太多的历史遗迹，在许多人的心里都留下了永久的记忆，就让我们一起去看看吧。

玉皇阁，当仁不让地成为永宁古城的标志性建筑。始建于唐贞观十八年（644年），高28.2米，占地421平方米。明朝玉皇阁作为制高点用于探测敌情。

延庆永宁玉皇阁

玉皇阁毁于20世纪60年代中晚期，2002年玉皇阁按原貌复建。

玉皇阁整体为三层，结构精巧，拥有拱门四向。阁的南面三层飞檐上各有一块牌匾，从上到下分别是“玉皇阁”“紫微天关”“昌天帝主”，东、北、西三面则各有一块牌匾，东面第二层飞檐牌匾上书“阜民”，北面第一层飞檐牌匾上书“至上”，西面第二层飞檐牌匾上书“文献明邦”。

以玉皇阁为中心，利民街、阜民街、和平街、太平街四村拱卫，构成田字型街区，玉皇阁立于十字街的中心点。玉皇阁北侧的古街为步行街，终日开集，您须在外找好停车位，步行逛街。

玉皇阁向东路北是**吕祖庙**，准确地说，它位于永宁古城玉皇阁东的山城饭庄院内。庙内原有古壁画，今已无存。

在永宁山城饭庄院内的吕祖庙

吕祖庙始建于明，原为明代永宁朝天宫的一部分，清代曾进行过重修。现仅存正殿，坐北朝南，面阔三间，调大脊，四垂脊，硬山筒瓦，具有清代建筑风格。据说原建筑北墙是大幅壁画，从左到右分别绘制了汉钟离、吕洞宾、曹国舅、韩湘子、蓝采和、何仙姑、张果老、铁拐李等八仙的形象。东西墙小型壁画共有六十四幅，内容除了传统花鸟山水外，还分别讲述了八仙得道的故事。

玉皇阁西南的和平街村，拥有三义庙和火神庙，均于明代初建。

和平街三义庙，清代重建。原建筑为一座四合院，坐西朝东，由正殿、东西配殿及山门组成，正殿全部为琉璃瓦顶，琉璃瓦件由黄绿两种颜色组成，全绿色覆顶，是典型的清式建筑艺术风格。

如今，三义庙仅存正殿，虽年久残颓，但仍是延庆区

绿色琉璃瓦顶的和平街三义庙

现存的唯一一座绿色琉璃瓦顶的古建筑。供奉以忠义著称的刘备、关羽、张飞三位。侧山墙有精美壁画，每面墙上绘制三行壁画，每行八幅，每幅画是一个故事，两面墙上共计四十八幅画，均为三国故事。熟悉三国故事的游客，自会一目了然。

和平街火神庙也于清代重修。和平街火神庙最值得一看的是它的壁画故事。

和平街火神庙原为旗纛庙，即军队出征前祭祀军旗的地方，坐北朝南。明宣德五年（1430 年）改为火神庙。20 世纪 80 年代失火，后修复，现有大殿三间、西配殿一间，为清代建筑风格，东配殿现仅存殿基。

正殿原塑有火德真君像，殿内迎门是一座火神立像，

天上“神仙打架”，地上“将士搏杀”

赤发红身，三目圆睁，身披铠甲，手持金鞭，脚踏飞火轮，东西两侧各有两尊塑像，为雷部四元帅。

和平街火神庙的壁画值得一看。正殿壁画为《边关驱虏图》，分为东山墙的《争战图》，西山墙的《得胜图》。壁画靠上方的部分描绘神仙打架，靠下方的部分描绘将士搏杀，是延庆地区作为南北交融之地和军事防御要塞的真实写照。

永宁天主堂，永宁镇上的北京市级文物保护单位。它位于永宁镇南街，由法国传教士樊国梁主持初建于1873年，在义和团运动中被焚毁，1902年使用“庚子赔款”重建。

正式名称是耶稣圣心堂，因其建筑形似北京的天主教北堂即西什库教堂，又被称为“小北堂”。

1900年7月永宁城义和团联合延庆城义和团在南关关

帝庙起事，烧毁了永宁城天主堂。据1902年立于教堂圣堂正门旁边的“诸位信友致命者墓碑”记载，在这一事件中死难中国教民一千余人。永宁天主堂与“诸位信友致命者墓碑”均为北京市市级文物保护单位。

沿玉皇阁十字大街一直向南便是**南关关帝庙**。它位于南关村南街西侧，南关村党支部对面。明正统年间由钦差内官谷春所建。现存关帝庙为清代风格建筑，坐北朝南，正殿面阔三间。殿里供奉千手千眼观世音菩萨、观世音立像古佛和伽蓝菩萨（关帝像），东西山墙上各为八扇屏式壁画，图案以人物、花草、博古为主，建筑及内部陈设、壁画以及院内的石狮、石槽等散落石刻为明清文物。

1900年的农历六月二十二日，永宁城义和团在南关关帝庙与延庆城义和团联合起事。

从左至右为南关关帝庙、龙王庙

与南关关帝庙相邻的是**南关龙王庙**，位于关帝庙东侧，现存山门、正殿、东配殿、东西耳房和后院。正殿前有一座石龟碑座和一通字迹模糊的石碑，为《重修南关村真武庙碑记》，记载该庙建于明嘉靖四十五年（1566 年），万历二十五年（1597 年）重修。龙王庙内的壁画，秉承了延庆地区龙王庙壁画的规制标准。

南关龙王庙正殿内供奉着五龙之母、青苗神和马王。正殿内有壁画，中间是龙王出行图，展现龙王出行的场景；东山墙为龙王行雨图，龙王骑龙喷雨，伴有雷公电母、风婆雨师、彩虹童子等，还有时间神和测量神监督，保证时间和雨量准确；西山墙为雨毕回宫图，描绘了龙王降雨完毕骑马回宫的情景。

泽润寺，永宁唯一的佛教寺院。它位于永宁镇孔化营村村内，又称地藏寺，供奉地藏菩萨。始建于明代永乐年间，清康熙三十八年（1699 年）九月重建，清光绪年间重修，屡有兴废。

传说明万历年间，两位来自九华山的僧人在此处见有妙光显现，于是建泽润寺。九华山为地藏菩萨的根本道场。

2008 年修复了山门、天王殿、地藏殿及东西厢房等两重院落。寺院整体布局呈现中轴对称，主要建筑沿中轴线依次排列，有山门、天王殿、地藏殿等，两侧配有东西厢房，

其建筑风格具有典型的明清时期北方庙宇的特色，采用传统的木构架结构，斗拱、飞檐等元素，彰显了古代建筑技艺的精湛。

2011 年 3 月它成为北京市延庆区佛教协会所在地，2014 年北京市宗教事务局批准泽润寺为正式宗教活动场所，颁发登记证。

永宁的**黄龙潭**位于永宁镇上磨村东，由泉水溢出形成，是妫水河的源头之一。水潭呈椭圆形，原有面积约 2000 平方米，后因在九龙山人为挖洞，潭水面积变小。黄龙潭泉水四季潺潺，平均水深超过 3 米，水温常年保持在 8 ~ 12 摄氏度，冬不结冰，水质达到地下水二类标准，清冽甘甜。

黄龙潭龙王庙，又称黄龙庙，因黄龙潭而得名。始建于明万历二十年（1592 年），由作为地方军政大员的兵备道万世德主持修建。现极少开放，但有工作人员联系电话贴于大庙门边。

据记载，黄龙潭水源深浚，附近的人常远见黄马出游岸上，近观则马入水中，兵备道万世德驻节时见到有黄蛇跃出匍匐昂起，以为异象，于是万世德主持修建了黄龙庙。

龙王庙坐西朝东，山门前侧影壁上书“黄龙古潭”。山门阔三间，宽约9米，进深5米，山门上悬黄龙古潭、敕命、黄龙古庙三块门匾，山门左右有钟鼓二亭。

院内正殿前，有“黄龙古庙”“儒州龙泉”两通赑屃驮碑。儒州是唐朝的州级行政区划，治所在今天延庆旧县镇，五代十国时期后晋石敬堂割让燕云十六州给契丹，就包括了儒州。

庙内现存正殿三间，左右耳殿各两间，配殿各四间。

黄龙寺外全景

正殿供奉黄龙老祖彩塑金身坐像，左右各立一童子。其右手侧依次是青龙爷、白龙爷、黑龙爷；左手侧依次是黄龙爷、五龙圣母、红龙爷，山墙上绘有工笔花鸟人物山水彩绘。正殿内有两根盘龙立柱，上悬“泽周上谷”匾。南耳殿供奉药王和民间五仙之一的白先生彩塑坐像，南侧配殿是三姑娘殿、财神殿，其余房间都是工作用房。

出北小门有一跨院，跨院内有碑林，有石碑、残碑及石刻 58 件。跨院最靠北围墙处有观音殿一间，供奉观音菩萨立像。跨院内有一细潭，潭水与黄龙潭连通，水质清冽透彻。

每年农历四月初八举行龙潭庙会。

永宁，历史遗迹太多，为了不耽误寻找永宁好物，我们将永宁村级景点浓缩排列如下：永宁旧城遗址、东灰岭村广生庙、罗家台村关帝庙、马蹄湾村烽火台、南张庄村观音庵、清泉铺村关帝庙与龙王庙、四司村青龙潭与龙王庙、头司城堡、狮子营村石狮子、王家山龙王庙、西灰岭龙王庙、营城村关帝庙……

在永宁，您既可以徜徉在古街上吃玩游购，也可以寻访于乡里去抚摸历史的痕迹，感受百姓们的生活。

二、永宁，美味好物、游购不尽

延庆豆腐、永宁野鸡脖、延庆艾草、延庆河湾苹果干、永宁河湾猴头菇，更有延庆北沟梨的多滋多味

延庆豆腐在京城现在很出名，特别是延庆永宁豆腐和延庆柳沟豆腐宴。除了本地人，很少有人知道延庆豆腐是酸浆豆腐。酸浆豆腐有什么特色，得来永宁尝一下。

来永宁首先就为吃永宁豆腐，但当地人都知道，永宁豆腐一定得认和平街豆腐！名称有点绕，地名有点生，对食客来说似乎是道难题。

那就先找永宁城和平街村！它在永宁玉皇阁的西南片。这个村以古街的形式，承载了古老的古县城文化。村里有 600 多年历史的火神庙也称旗纛（dào）庙，庙中殿

内精美的壁画，画中人有呼之欲出的感觉，特别是和平街火神庙的壁画，将冷兵器的发展史用绘画直观地表现出来，很值得观览。

和平街村还有一棵2017年测定的320年树龄的国槐，现还在街边守候。和平街村的手工酸浆豆腐口感细腻爽滑，夹起来不碎不断！和平街出品的延庆豆腐是延庆的区级非物质文化遗产手艺。

叫人垂涎的延庆永宁和平街豆腐

酸浆点豆腐是延庆豆腐的最大特点，延庆全境的豆腐自古就用此手法。延庆豆腐还有一个必须要素是原料黄豆，必须用延庆本地的小黄豆，做出的延庆豆腐的口感比用外埠的大圆黄豆更地道。

延庆黄豆就在路边晾晒

说延庆豆腐好吃，还有一个独特原因，就是水。和平街村三义庙前有一口井，水中富含矿物质，是做好豆腐的必要条件。说到水，延庆山多、古矿多，在延庆，古法制作的豆腐就只是酸浆豆腐，没有盐卤豆腐和石膏豆腐。做豆腐水不可少，制酸浆，水更是必须，永宁和平街、井庄、柳沟、香营，甚至张山营，它们的水一脉相连，为延庆豆腐的优秀品质奠定了基础。

延庆豆腐须要三个必须：黄豆、酸浆和水。

选用延庆本地的黄豆是豆腐口感细腻醇香的原因之一，延庆黄豆豆粒不大，生长期150天左右。

延庆豆腐制作时，先将黄豆提前一天泡上，然后用头一天控出水的豆腐原浆，备存到第二天成为点豆腐的酸浆，之后每日不断续入，可以一直持续使用。延庆豆腐作坊还知道，若无原浆，可以加入醋水，酸度掌握得凭经验，也可以制出酸浆。

一般来说，延庆豆腐是1斤黄豆出3斤豆腐，老话说“同行不同利”，出豆腐也一样，有的作坊能出3.5斤豆腐。水分太多的豆腐煮了不成形，而有的作坊1斤黄豆出2.5斤豆腐，太过于干，口感不够爽滑，适合做豆腐干。

延庆豆腐的特质是煮熟了用筷子夹起来不断不碎、香嫩韧滑，本地人说，这才是永宁豆腐的代表作——永宁和平街豆腐。

到永宁，没吃过**永宁野鸡脖**的等于没来过。

永宁野鸡脖，一道意想不到的特色美食，甜咸口味。

这道永宁野鸡脖与鸡脖子毫无关系，实为薄鸡蛋饼卷

可口美食永宁野鸡脖

入调好味的肉馅，切斜刀后下油锅，煎炸至焦黄，出锅装盘，撒上白糖。

永宁野鸡脖，是形似但食材颠覆的特色小吃。

从永宁古城出发，向东7里地，见一高架的渡槽大桥，就到了永宁镇的河湾村。这大桥可是河湾村的地标性建筑，建于1985年，属白河南干渠，桥体上有“河湾渡槽”4个字。

河湾村的地标性建筑“河湾渡槽”

不套袋的河湾苹果

河湾村盛产苹果，河湾苹果的最大特点是不套袋，口感好，果香浓重，甜，糖度可达 14.5°Bx。

以河湾苹果为原料，用当地传统手艺制成的**延庆河湾苹果干**，口感香甜柔软，苹果气味芬芳浓烈。延庆河湾苹果干以京城果脯的古老工艺加工法，不加任何添加剂，三蒸三晒，“9 ~ 10 个中等个头的河湾苹果可制得 1 斤苹果干”。

延庆河湾苹果干的独特，首先是选用河湾苹果，如果在一堆各色果脯中盲吃，您能清晰地感受到苹果的原香，又因没有任何添加物质，河湾苹果的香气就越发地散发出来了。

永宁河湾，入秋之后降水极少，日照充沛，三蒸三晒的制作工序可以保证果干的制作完成，所以，这里产的苹

河湾果脯——延庆河湾苹果干

果严格按大小个划分等级。在河湾村，只有大的苹果才可做一级果上市，中等个头的二级苹果都做成蜜饯——延庆河湾苹果干，最小的三级苹果加了当地土产的蜂蜜就可以做果茶了。

现在延庆河湾苹果干有两种工艺制成，一种是上述的三蒸三晒法，特点是保持了河湾苹果浓重的果香味；另一种工艺，是三蒸三烘法，以烘烤的方式迅速锁住果肉中的糖分，逼出水分，这样制出的延庆河湾苹果干口感更甜。

其实，无论哪种工艺出品的延庆河湾苹果干，最可心的是不加任何添加物质！得空您可以来河湾尝尝这香甜柔软、只在这里能吃到的延庆河湾苹果干。

河湾村还有一棵百年老酸枣树屹立路边

在河湾村，还有一棵近 200 年树龄的老酸枣树，现在还能结枣果，进入河湾，它就静静地站在路边。

又长又直味又冲的延庆艾草

河湾，因地势原因，水源不缺，除了河湾苹果、延庆河湾苹果干之外，村里还有两样河湾特产，一是艾草，二是猴头菇。

外界一直传说“**延庆艾草**香万里”，几乎是业内地标性特产，而“延庆艾草河湾盛”。这里的延庆艾草分两种颜色，一种是众所周知的绿叶艾草，村里人称它为水艾草，另一种是河湾引以为傲的白叶艾草，也叫它旱艾草。

二者的区别明显，旱艾草叶上有茸毛，使叶片泛白，气味浓烈，是最好的入药原料。只要没有旱灾，到端午节，延庆艾草正好长到 50 ~ 60 厘米高，最适合挂在门上，驱虫辟邪药性最好。

延庆艾草还有一个特点是直！一场透雨下来，就可直窜到 80 厘米以上，植株挺拔。

河湾村的延庆艾草因不缺水，植株近 1 米，“又高又直味又冲”。特别是河湾白艾草做的艾条，尤受欢迎。村里人知道种植旱艾草是一举多得的事。

随着生活水平的提高，人们的养生意识也在提高，古老的草药方子重新回到人们的生活中。在永宁古城，延庆艾草垫已经成为永宁的一个特色商品，编出四季皆宜的养生意趣。

再说**永宁河湾猴头菇**，本是引进的物种，但河湾人为此付出了巨大的心血。

2017 年尝试种植猴头菇，因这里的海拔和温差等环境条件特别适合猴头菇的生长，竟比京城其他地区长得好，而且这里的菇非常白，于是种植者信心大增。

猴头菇有公母之分，一公一母对面长，就是相对着生，相隔五六十厘米，

永宁河湾猴头菇——公母相对而生

猴头菇怕光，光大了菇面就发黄了，需要遮挡，但又极需氧气，所以，晚上要掀开幕棚、打开气窗。种猴头菇日夜都得忙。

每年12月做菌棒，次年3月中旬入棚，到4月中旬开摘，一直可摘到5月底；立秋后，同一菌棒再开口长一茬，此时的关键就是再开口时的昼夜温度把握，这一茬到中秋节采摘，一直可摘到10月底。

摘猴头菇最重要的是手心不能碰菇面！否则会留印记。那可怎么“摘”？

摘猴头菇是个技术活儿！

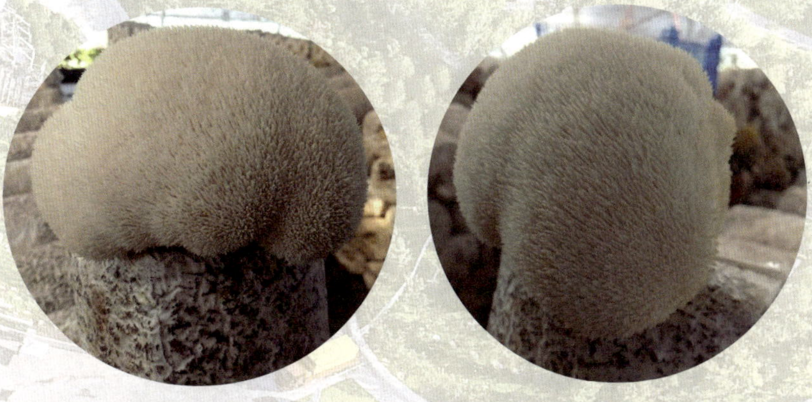

不可触碰的“胖白头”——永宁河湾猴头菇可以摘了

沿物产丰富的河湾村继续向东行进七八里，进山，一段山路后便到了延庆永宁的北沟村村口。意想不到这个山沟之村，竟然是京郊梨果园，具有多个独一无二的品种不说，还有数十棵各品种的百年老梨树作为原产地物种的见证！

延庆北沟梨，总有一款适合您。

延庆永宁北沟村的老梨树

就让我们细细探寻一下，待明年丰收季您就可以来淘梨。延庆北沟梨的多样品种会叫您立时陷入选择困难的境地。

先说在延庆广为人知的本土梨——**延庆酸广梨**，在北沟 200 年前就有，村里现在还有十几棵 200 多年树龄的延庆酸广梨老树，且宝刀不老还能结果！若能吃上 200 年树龄老梨树的果，那仿佛就完成了真实的历史穿越。

延庆酸广梨

延庆酸广梨个头不大，酸甜口味，成熟果实有喜人的酸甜味道，果肉绵软无渣，果汁丰盈。

延庆北沟梨中，还有一种称为“绿宝石”的梨，人称**延庆北沟绿宝石梨**，说是延庆独有的品种，特色是果子一直绿——熟了也是绿的！大的梨果一个能有七八两*重，

*两，旧时计量单位，1 两等于 50 克。

关键是延庆北沟绿宝石梨有令人咋舌的口感！“甜、酥、脆、爆汁、无渣！”这个评述不禁让人垂涎欲滴啊，能勾起人强烈的购买欲。

按照1990年出版的《北京果树志》记载，这个延庆少有的梨品种称“状元梨”，书中评价它为“地方优良品种”，描述它“果皮浅绿色”，“果肉白色，质脆嫩，味甜，石细胞少，品质佳”，且“果实耐贮藏”，都印证了延庆北沟绿宝石梨的优秀品质。

延庆北沟梨中自然少不了当地人称铁梨的**延庆南果梨**，老果树上的红色挂牌上写的是“秋子梨”，太专业，对食客来说，这种梨的最大特点是树上成熟时也是硬的，口感脆，利于运输和储存，存放一段时间后果皮自然变黄、果肉绵软。您可以树熟时采摘，拿回家存着，可自然保存20 ~ 30天，待果稍软时享用，会有味觉艳遇的感觉。

延庆南果梨喜光、耐寒，《北京果树志》说：“适宜京郊高寒地区栽培”，同时，它耐旱，几乎适应任何土壤，如砂土、壤土、黏土，它都能茁壮成长。延庆南果梨抗病性强，果实美观，果个不大，成熟时果皮呈绿黄色，果心小，无渣，味香甜。《北京果树志》评价它“品质上等”。

延庆南果梨采摘后即食，口感是脆甜、多汁；存放10 ~ 15天后再食，果肉柔软易溶，梨香浓重。

延庆南果梨好吃，还因为它可以树熟时采摘！这也是保证果品特种品质的关键。

在延庆北沟梨中，不能不提的还有一种“北沟村独有”的**延庆窝梨**，有近十棵百年老树。村里人认为这窝梨是别处没有的，果子样貌像鸭梨，口感也像鸭梨，但更甜。下个丰收季您得到北沟村尝尝这窝梨的滋味。

至今，北沟村的老梨树们还在此守护着延庆北沟梨的特色品质，每年 8 月下旬到 9 月下旬的 1 个月里，是延庆北沟梨成熟的时节，您记着来挑梨。

入冬的延庆北沟梨树

三、往事如烟话旧县

旧县很“旧”，现如今它已非“县”，而是“镇”

旧县，最突出的一个字是“旧”。旧县镇得名与历史上的缙山县有关，唐末设儒州，以缙阳山为名，设缙山县为儒州治，所在地即是今天的旧县镇。元延祐三年（1316年），缙山县升为龙庆州。

明洪武三年（1370 年），明太祖朱元璋废龙庆州，命“徙山后诸州民于关内”，于是，燕山以北地区怀来、涿鹿、延庆等地居民 35800 户被迁徙到居庸关以内的昌平、固安、三河等地，使得这一带在长达 40 年的光景中成为准无人化军事缓冲的荒疏区，仅少数防御性区域有明军驻守。

明永乐 12 年（1414 年），朱棣北巡见延庆地区荒凉，

入冬了，千年老树收纳歇息，来年还出新芽

为解决明军后勤及加强边防，朱棣下令重置龙庆州，但治所迁至延庆镇，即今延庆城区。当龙庆州治所迁移延庆镇后，原缙山县便被人们称为“旧县”。

想要印证它的“旧”，您可以去旧县龙王庙瞻仰和感受一下延庆唯一、伫立此地上千年的千年侧柏，今天，它依然精气十足，枝繁叶茂。

旧县龙王庙可追溯至辽代，原为真武庙，清末改为龙王庙。坐北朝南，主殿面阔三间，前出廊，硬山筒瓦屋顶。主殿内由西向东依次供奉土地、山神、老龙王（主尊）、财神、武道。东墙的龙王行雨图与西墙的雨霁回宫图均为现代绘制。

庙内的侧柏到 2025 年时树龄约为 1030 年，此树因柏干上巨大树瘤的顶部较平，可放香炉，曾被称之为“香炉柏”，是延庆的古柏之最。

旧县的著名景区**龙庆峡**知名度极高，本书不赘述，但想提一下在龙庆峡景区停车场内，在主入口东北方向 50 米处有古城口地堡，是 1937 年国民党 29 军宋哲元部为抗日所修建的 8 个地堡之一。

古城村泰山庙，始建于清代，坐北朝南，一进院落，有山门和主殿。主殿为五架梁结构，供奉碧霞元君、眼光娘娘、送子娘娘。

泰山庙主要供奉的是泰山神，即东岳大帝，此外也有供奉碧霞元君、十殿阎王、送子娘娘、眼光娘娘等神祇。

泰山神东岳大帝，源于古人对泰山的崇拜，被视为掌管人间贵贱尊卑之数、生死修短之权的神灵，主掌人间吉凶祸福、寿夭贵贱，还兼管幽冥地府之事。

碧霞元君 民间俗称“泰山奶奶”，是东岳大帝的女儿。明代《三教搜神大全》“帝一女，玉女大仙。即岱岳太平顶玉女娘娘是也”，明确说明了碧霞元君为东岳大帝之女。碧霞元君护佑众生，尤其在生育、平安等方面广受民众信仰，“北元君，南妈祖”，中国北方地区多供奉碧霞元君，南方地区则多供奉妈祖。

此外也有供奉十殿阎王、送子娘娘、眼光娘娘等神祇。十殿阎王掌管阴曹地府，负责审判鬼魂；送生娘娘是民间求子信仰的重要对象；眼光娘娘则被认为能治疗眼疾，护佑人们的视力健康。

三里庄龙王庙，建于清代，是山神庙、关帝庙、龙王庙三庙合一庙，位于三里庄村养老院附近，原是村里的“五龙圣母庙”，距今至少有100多年历史，后逐渐被遗忘。2004年村民在清理村委会附近的旧杂物仓库时，偶然发现了墙壁上精美的壁画，这座奇特的庙宇才重新被人们关注。

有村民说，本龙王庙每周二、周六开放，此说法未曾核实。

三里庄龙王庙，现耳房、厢房及钟鼓楼等已被拆除破坏，但主体建筑仍存，坐北朝南，由山门和主殿构成。据村委会工作人员介绍，此处曾作为学校，壁画被抠下。主殿直筒布瓦平脊平山顶结构。墙上壁画均已损坏模糊不清。北墙中间一块是疑似龙母与五龙王及雨师。北墙东西两侧图像因面部均遭破坏无法辨认。西墙原有黑板破坏了主图结构，疑似为龙王雨雾回宫图。东墙壁画亦破坏严重，依稀可辨为龙王行雨图。

长城之**太安山隘口墙**，从旧县白草洼村沿052乡道通过检查站，沿着狭窄蜿蜒、铺装完好的柏油路一路向北前行7千米，便是位于太安山北山口的长城之太安山隘口墙。这段长城垒石而筑，秀美苍然，是北京与河北的分水岭和行政分界线。沿西侧羊肠山道艰难步行三四十分钟可到达北山内的洋洞，义和团运动时曾有中国天主教信众在此遇难。如果从太安山隘口墙继续北行可达河北省赤城县后城镇，并最终到达赤城县城区。

旧县烈士碑，1978年建，位于旧县大集北侧路西100米，纪念抗日战争到解放战争时期的28位烈士。

四、旧县，食材与味道的碰撞、历史与美食的交融

好一个旧县羊蝎子，不负食客追捧

冬季走进旧县乡村，眼见延庆玉米铺天盖地，黄、白、粉色的大棒渣，熬煮出的玉米棒渣粥清香、软糯、黏稠，叫你爱上主食。

铺天盖地的延庆玉米

耿家营的玉米棒渣也有黄、白、粉色的多彩，勾人食欲，清香四溢，令人回味

旧县的玉米产业，在大田作物的粗线条上，增添了一抹细腻，耿家营的玉米工坊中展现了新一代旧县人的家乡情怀，呈现玉米棒渣的多色食欲诱惑。他们创作玉米的工艺小品，努力践行新农业发展的创意之路，让延庆鲜玉米在这里展现出新一代经济作物的风采。

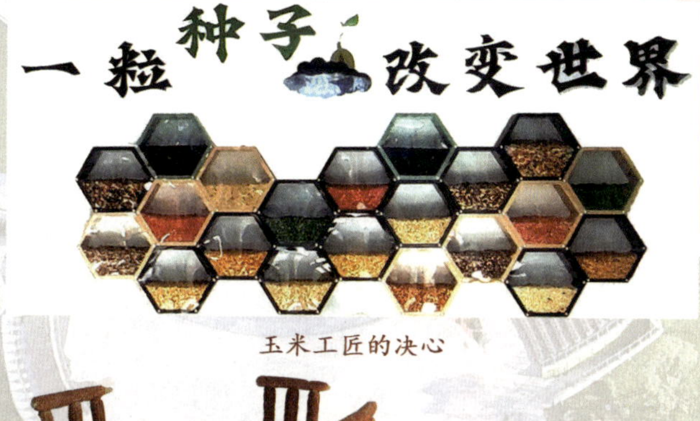

玉米工匠的决心

玉米工匠的成果

冬季来旧县，主人会邀请您品尝他们自己的名吃——旧县羊蝎子。馆子不大，店内无膻味，看来食材是非常讲究的。

旧县羊蝎子火锅卖相诱人

旧县羊蝎子，据说炮制的关键在于原肉熬汤、文火细炖。必不可少的还有羊蝎子选取的羔羊及调料的配比。

旧县羊蝎子最大的“卖点”是肉质丰满、完整，口感鲜嫩，无强烈的香辛料味，注重食材的地道选用，讲求平和的味道，让大快朵颐的兴奋感慢慢散发。肉质温和质朴，原味呈现，与京城相比，明显肉更多。

旧县，元代的辉煌盛景，应该都聚焦于北方游牧民族的大美宴食“羊肉火锅”中，而羊肉火锅中的厨艺之最，当属羊蝎子火锅了。旧县羊蝎子，叫人想到元代至今 750 多年的人间烟火味。

五、沈家营，下花园里说仁宗

一句“仁宗故里”引出华夏史上六位“仁宗”的过往简史

在沈家营镇下花园村，村中最大的景观区是村内的文化广场，一棵约 380 年树龄的老榆树、一座留有精美壁画的龙王庙、一栋商业小楼，还有一座“仁宗故里民俗文化馆”兼村史馆的二层建筑展馆。

看到“仁宗故里民俗文化馆”的门匾，因没写朝代，脑海中迅速闪现出中华历史上的六位“仁宗”皇帝，借此开启一段历史速读。

天色近晚，文化馆早已关门落户，搜肠刮肚地思考一下这是史上哪位仁宗？宋代？明代？清代？宋仁宗，在开封，这里自然不是他的“故里”；明仁宗和清仁宗虽是“北京户口”，但这里是延庆，明、清二位仁宗出生在京城，应该不是门匾上那位“仁宗”。

还有三位，西夏的夏仁宗、西辽的辽仁宗，其都城据这里太远，且西夏和西辽都是偏安政权，这二位仁宗的故里应该也不在这儿；剩下的只有在北京定都建立王朝的元代，其第四位皇帝爱育黎拔力八达的庙号是“仁宗”，这门头匾额应该指的就是“元仁宗”。

纵观历史，但凡庙号为“仁宗”的皇帝都有些施政功绩。

我们不妨对比一下华夏六位“仁宗”的过往简史。

其一有“仁宗”庙号的皇帝是宋仁宗，北宋第四位皇帝赵祯，一个与狸猫换太子的传说有关的皇上，一位能容包拯在朝上与自己“顶嘴”的皇上，一位让名人迭出、贤臣现世的皇上，在位42年，性格有时优柔寡断，但知人善任、爱民如子、施行仁政、肯于纳谏，宋仁宗时期，耳熟能详的历史名人有包拯、富弼、欧阳修、范仲淹、狄青、沈括、周敦颐、蔡襄，宋仁宗统治时期宋朝的经济、文化、科技得以快速发展，史称“仁宗盛治”。

其二是西夏的夏仁宗，西夏第五位皇帝李仁孝，在位54年，崇尚儒学，实行科举和文制，尊崇佛教，制定律典《天盛改旧新定律令》，20万字，并公开刻印，成为中国历史上继《宋刑统》后的第一部用少数民族文字印行的法典。夏仁宗统治时期与金朝和南宋的战事甚少，是西夏的盛世期。

其三是西辽的辽仁宗，西辽第二位皇帝耶律夷列，亲政13年，期间西辽社会安定、政治清明，可称为明君，只是他的王朝定都在今天的吉尔吉斯斯坦境内。

我们来看看华夏大一统的仁宗们，北宋的仁宗之后就数元代的元仁宗了，为延庆沈家营下花园村“仁宗故里民俗文化馆”的主角。

其四元仁宗，元代第四位皇帝爱育黎拔力八达，在位9年，推崇汉学、恢复科举，以儒治国，重视农耕，鼓励开荒；同时，整顿吏治，严惩贪腐和扰民，促进商贸发展，推动“中兴”，史称“仁宗之治”。

对于元仁宗的出生地以及《元史》中对元仁宗的评述，在下花园的文化馆内您都可查看到。

除了对元仁宗的介绍，馆内还有下花园村龙王庙内精美壁画的巨型复制壁画，给人一种视觉震撼感，是历史和文化的速读，值得前往一观

其五是明仁宗。对于明仁宗朱高炽来说，是几位仁宗中在位时间最短的一位，仅10个月，但历史评价是“一代明君”，只可惜时间太短，最突出的是“予民休养生息的时日”之政，停止暴政、战争，下西洋及茶马贸易，爱民如子，发展生产，修明纲纪，平反冤案，任用贤臣，崇

尚儒学，大兴科举，虚怀纳谏，为稳定强盛的“仁宣之治”奠定基础，值得称道。

其六清仁宗就是嘉庆皇帝，乾隆第十五子爱新觉罗·颙琰（yóng yǎn），一位诛杀和珅、停止文字狱的皇上，在位25年，史上说嘉庆皇帝宅心仁厚，工作勤勉，广开言路，缓解民怨，禁止鸦片，生活节俭，蠲免钱粮。皇帝是个好人，但政绩平平，又开始了闭关锁国，清仁宗时期也是清朝走向衰败的开始。

到沈家营，还可以顺道去看一下西王化营红薯。因为西王化营红薯不仅有红瓤的甜薯，还有白瓤的具有栗子香、口感面的甘薯。2024年，复耕复种政策使这里大片的沙壤土得以种植利用，西王化营红薯有望达到1000亩的种植面积，满足红薯种植要倒茬的土地要求。现在西王化营红薯亩产可达2500千克。

存放入窖的西王化营红薯

沈家营的抗战地堡，在延庆区的8座地堡中，沈家营有4座。

1933年日军占领热河，中国部队被迫南撤，国民党29军宋哲元部不愿撤离，以救灾名义留驻，1937年为抵御日寇，在延庆地区修筑了一系列地堡。地堡呈八边形，南北向略长，东西向略窄，高出地表2米左右，在窄的一侧修有入口。地堡四周留有望孔和射孔，每个地堡占地约30平方米，均为砖石水泥浇筑，质地坚硬，壁厚均为0.7米左右。

沈家营镇4座抗战地堡的位置分别是：

沈家营村1号地堡

①位于沈韩路西侧路边的沈家营村1号地堡；

②位于沈家营村北偏东、沈家营大集集市东侧沈家营村2号地堡；

③上花园村地堡；

④位于西王化营村91917部队大院内的抗战地堡。

第四章

双重紫红

京西北门户张山营、长城要塞八达岭

——色重情浓

妫川第一镇张山营，难忘的是历史浸润出的文化和传统，风土孕育下的物产，民俗演化成的飨食。古堡古村和庙宇壁画，昭告了鲜为人知的名镇人文。赤色的苹果，紫色的葡萄，还留有玉皇李子和黄柏寺大桃的甘滋绝味……张山营，还有惊艳了世人的延庆乡村名吃。长城关隘的险要、天时变换的不定，丝毫不碍百姓的勤勉，几株古老的槟子树按时为人们奉献着艳香独特的延庆香槟子！古老的延庆八棱海棠有着北方特有的冰食妙法。八达岭镇，在这里暂不说长城，只谈吃。

一、北纬 40 度的香甜

延庆葡萄和延庆苹果的核心产区张山营，香甜的不仅紫和红

延庆张山营镇，一个将葡萄文化融入葡萄产业中的地方，从2004年9月第一届“张山营镇金秋葡萄采摘节”开始，张山营便开启了**延庆葡萄**采摘的农旅活动。

张山营，位于北纬 40 度、延怀河谷地带，这里葡萄种植历史悠久。20 世纪末开始，张山营延续传统特产的发展，大力种植延庆葡萄，因其果实着色浓重，果粉厚、糖分高、果汁多而广受市场青睐。

今天，延庆葡萄在张山营已有上百个品种，果色也由青紫二色，发展到深紫、浅粉、红色、青白等多个颜色，那是勾起食欲的色彩。因为这里的海拔高、温差大、日照强，

延庆葡萄的口感丰富，玫瑰和清香味道十分突出。

延庆葡萄每年4月中旬发芽，5月中下旬开花，8月中旬至9月下旬果实成熟。

延庆露地葡萄除了供应市场的鲜食果外，许多品种是酿酒的优良品种。因葡萄品种超过200个，张山营还建有世界葡萄博览园，为大家提供学习、观览的体验，您想着葡萄丰收时节到张山营，在延庆葡萄藤下享受美味。

张山营还是**延庆苹果**的主要产区，现在延庆苹果的品种大多数是红富士，还有20世纪80年代获全国优质产品奖的玫瑰红和取得国家地理标志证明商标的“延庆国光苹果”。

张山营地处延庆西北角，平均海拔500米上下，无霜期182天左右，年均气温10摄氏度左右，延庆苹果都植于背风向阳的坡面，这里全年晴好天气占68%以上，日照长、昼夜温差大，土壤呈弱碱性，这些条件都极适宜优质苹果的生产种植。出品的延庆苹果着色好，艳红色，气味香，口感脆甜。如果等到10月15日以后摘，更好吃！

地标产品延庆国光苹果，全身暗红色或鲜红色，果肉淡黄色或绿白色，肉质较细、脆，风味酸甜适度，有微香，果汁较多。延庆国光苹果最大的优势是耐贮藏，每年9～10月树熟后才可采摘的延庆国光苹果，冷藏情况下，可以储存到第二年6～7月！常温下也可储存5个月，是北京城

20世纪中后期各家的秋冬必备水果。

但现在苹果品种增多，延庆国光苹果因果实不大，口感甜中带酸，酸度不高于0.6%，尽管有适宜秋季养生的中医提法，但还是市场需求率下滑，目前延庆国光苹果产量不大。

正是因为延庆国光苹果的甜中带酸和清脆的口感，于是在此分享一道私房苹果美食——（国光）苹果炒肉，以利秋季养生。注意，必须使用的食材是国光苹果！其他苹果果肉在高温炒制后易碎变酸，口感不佳。肉片最好选用通脊肉，但不是必须。肉片以抓炒的方式烹饪，可放盐、料酒、少许糖，不要放酱油，先腌制片刻，再入热油炒制，待肉炒至近全熟时下入国光苹果片，翻炒收汁，至苹果片均裹上汤汁后起锅盛盘——以此抛砖引玉。

张山营的特产何止紫色和红色的果品，在张山营也有黄芩，种植面积达500～600亩，出产的延庆黄芩茶品质优秀，气味醇厚，汤色清亮。

张山营的土壤在志书中就记载是“潮土、褐土、水稻土，多属洪积物”，所以，张山营的水稻被大量种植于镇域

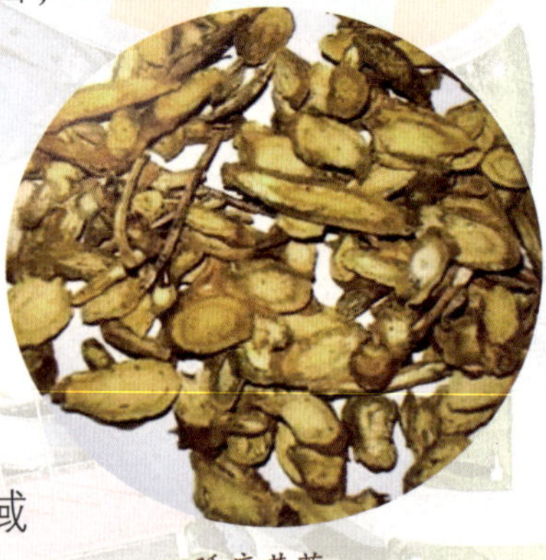

延庆黄芩

东区，张山营的大米可期。

来张山营，除了苹果和葡萄，令人惊叹的是它的古迹丰富，除了众所周知的古崖居、山戎墓葬馆外，在各村的古庙、古建筑、古壁画、石雕石刻，以及近现代的地堡（抗战时期）、戏台、冬奥冰雪项目，似群星散落人间，采买之余顺道游览，也是乐事。

二、古迹集中，历史丰厚，走不完的张山营

在这里，无论遗址还是遗迹，都寂静地隐在张山营的山林和乡村中，“厚重”二字叫人无法抑制探寻的冲动

张山营镇因张山营村而得名。张姓居民最早依山建村而得名张山村，明嘉靖十六年（1537 年）加筑围墙，称张山营屯堡，后来简称张山营，以后成为镇名。

张山营镇古迹、自然风光、古村落景点繁多，除去人们熟知的古崖居、山戎文化陈列馆、松山旅游区、玉渡山旅游区，还有暂不开放的应梦寺、姚家营、水峪村、佛峪口等村的洞窟遗址。本次依然以好物寻踪的宗旨，介绍相对便捷、景观丰富、游览性高的张山营乡村的人文景点。

张山营镇的村级景点先是就近的张山营村，镇政府东，盛产延庆苹果，村内的张山营关帝庙建于清代，庙内关二

张山营关帝庙中关二爷塑像黄袍加身

爷塑像黄袍加身，其两侧的塑像也较为独特，房梁上还残留着特殊时期的标语，门外的栅栏像古时候的衙门。

张山营村的村内还有张山营娘娘庙和张山营龙王庙，均于清代初建；还有小寺遗址（清）、寺沟摩崖造像（年代不详）；另有张山营石佛寺石佛(年代不详)，位于玉渡山景区最西端，海坨山东麓石佛寺遗址内。

张山营村级景点还可去东门营村逛逛。村内人文建筑集中，东门营城堡为全国文物保护单位，整个东门营村形成自然的古村景区。

东门营泰山庙始建年代不详，现存的正殿和过殿为清同治五年(1866年)重修，前后两殿建筑面积共108平方米。正殿供奉碧霞元君，墙壁均有壁画，东西两侧画的是十殿阎罗，其壁画色彩鲜艳，笔触细腻，图案清晰，人物传神，

十殿阎罗壁画细腻精美

是延庆区现存壁画中的精品。

东门营村还有东门营真武庙，始建年代不详，清光绪十三年（1887 年）重修，现仅存正殿，坐北朝南，面阔三间，殿内有清代地方壁画和彩画遗存。村内的东门营阎王庙、东门营关帝庙均可游览。

此外东门营村还有明代的东门营城堡（全国重点文物保护单位）、东门营老村区 5 号民居、东门营老村区 40 号民居、东门营老村区 41 号民居。

东营门村的历史厚重，古村村民安居，村内有小餐馆，适合慢游。

张山营西五里营村的西五里营龙王庙，其中的壁画风格独特，对了解清代龙王信仰和当时的庙宇绘画艺术具有很高的价值，非常值得细看。西五里营龙王庙旁还有西五里营三义庙和西五里营戏楼，龙王庙和戏楼之间的空场可以停车。

西五里营龙王庙的壁画风格独特，具有一定的研究价值

后黑龙庙观音寺仅剩一间殿，前后开门，内供观音坐像，坐南朝北，侧壁墙上的壁画人物年代感极强。

独立空场的后黑龙庙观音寺，延庆区为数不多的佛寺庙

后黑龙庙观音寺壁画极具清代汉传佛教罗汉画像风格

后黑龙庙村也是延庆葡萄的主产地。

下阪泉烽火台，建于明代。烽火台又称烽燧，俗称烽堠、烟墩、墩台，如遇敌情，白天施烟，夜间点火，台台相连，传递消息，同时也是士兵屯守的重要驻所。下阪泉烽火台与上阪桥楼、张山营楼（张山营墩）等构成当时海坨山下向延庆州城和长城等地传递信息的军事防御体系。

下阪泉烽火台也称“下阪泉楼”，呈方形，目前残高9米，边长28米，分为上下两层，是可登临的烽火台。“据说，解放战争时，该台曾被作为国民党大乡政府驻所，其规模可见一斑。”（摘自下阪泉烽火台现场介绍牌）

下阪泉烽火台

东红寺村，有平日不开门的东红寺龙王庙，外观为一进小院，建筑格局规整，能直接游览参观的是东红寺戏楼，还有一口正德年间的大铁钟，出村时可见村口“东红寺村”大石碑背面的《题东红寺》：

古寺红墙日月照，铁钟尚存余音渺。

老槐犹向戏台观，杏花人家酒香飘。

看来这里产杏，还有自酿酒？只是冬季的乡村人烟稀少，四周静静的。

中羊坊村，可游览中羊坊龙王庙，其南面相对的中羊坊戏楼，以及中羊坊关帝庙组成一组古建群。其中，龙王庙建于清末，坐北朝南，面阔三间，殿内有一尊彩塑，还

铁钟尚存

老槐观戏台

有精美的彩色壁画，内容丰富，有春耕图、龙王行雨图、秋收图等，人物众多，展现了当时的生活场景和人们对龙王的信仰，挺有观赏度。

中羊坊村有一个充满乡情的果品耕耘园，除了张山营的苹果、葡萄，这里还试图保留种植玉皇李子和槟子等小杂果，特别是7月下旬成熟的玉皇李子，果色金黄有红晕，肉厚多汁、酸甜适口，令人期待。

张山营的村级景点还有许多，需要时日一一探访。

中羊坊的乡情果园还有独特的手工制品，韩尚兵的山核桃雕刻拼装手艺尽显卫城特色

三、张山营的延庆乡村名吃，展现几道您瞧瞧

主食、菜品一气呵成，是延庆乡村小吃的一大特点。粗粮细做，让餐食精美，是人间烟火的永恒主题

延庆张山营，从上、下阪泉村一路走来，数千年的寒冷、征战和风雨难调，虽然局限了物产，但却见证了华夏民族的饮食智慧。就让我们从这里走进探寻延庆本土名吃的乡间小路，一道道不经意却叫人想不到的乡村佳肴等待您来品鉴。

延庆乡村名吃以主食菜做的小吃偏多，为粗粮细做，在今天延庆区域内的餐馆中您会偶遇几样，但有些可能已难找寻了。

延庆炒傀儡的“傀儡”二字在延庆口音读成一个三声、一个轻声或一声“lēi”，即 kuǐ lei 或 kuǐ lēi。

新时代的延庆炒傀儡

大多数延庆炒傀儡的原料是蒸熟的土豆加少许面粉，讲究的是炒制，并在炒制时加入调味料，再加上因地制宜的菜码——配色或调味。

但在过去的张山营一带，有些人家的炒傀儡原料用的是玉米面和少许白面，加入开水搅到黏稠时就熟了，再加上酸菜卤或西红柿鸡蛋卤，也有放豆角的，趁热食用，也称“搅拿糕”，在玉皇庙村一带，还叫“拿狗”，说是20世纪之前，狗食也这么做，只是水多，比人吃得稀。

“延庆炒傀儡”现在许多延庆餐馆中可以吃到。

延庆小米干饭汤也有说是“蚂蚁蛋汤”，原料是小米、豆面或白面、萝卜丝，也有再加点土豆丝的。

小米煮至八成熟，沥水捞出放盆中，撒上豆面或白面，摇至每一粒小米都粘上面粉备用；在刚才煮小米的米汤中放入萝卜丝（和土豆丝），当地人称土豆为“山药”，待

萝卜丝和“山药”丝开锅了，下入裹上面粉的“蚂蚁蛋”，再开锅即熄火，撒上香菜、葱花即可享用了。

“延庆小米干饭汤”现在永宁古街和延庆农家菜馆还能寻到。

张山营山药焖饭原料首先是“山药”，即土豆，只是这道吃食的关键是选取质地面绵的土豆去皮，加入大米或者小米，或大米、小米都放，配比上“山药”要占七八成，一起焖煮，待饭熟后，用力压搅，将“山药”与米融合；饭焖上后就去用大咸菜切丁炸酱，可以炸成辣酱，将炸好的咸菜丁酱根据个人口味拌入搅好的焖饭中，即可食用。

延庆酸菜蒸饺与他处不同，特别是在张山营地区，实际是道素食面点。原料是各家自己腌制的酸菜，切碎后放入“山药”丝，和酸菜一起炒熟，馅料就做好了。

饺子皮必须是开水烫面制成，包上馅上屉蒸熟，便可享用了。

延庆各餐馆几乎都有酸菜饺子，只看它是否在馅料里放了“山药”，即土豆，是否是烫面蒸饺，就可品尝地道的老延庆面点主食——延庆酸菜蒸饺了。

过去，每年冬至日一过，也就是进入数九寒天后，当地各家都会蒸馍馍。**张山营蒸馍馍**其实是一道甜食面点。原料是大黄米面、豆馅、糖。

大黄米包上甜豆馅，上屉蒸熟。在数九寒冬日，把蒸好的馍馍放在室外的缸里自然冰冻，吃的时候，冻了的馍馍口感不是粘的而是酥的，一边吃一边掉渣，那叫一个美！看来冬季在张山营吃蒸馍馍是冰着吃的“冷饮”？

延庆乡村小吃中还有一道挺有特色、没吃过的小吃，据说现在还能吃到，它就是**延庆血甲子**。

原料是猪血、面粉，配料葱、蒜，咸口味。猪血中加入面粉、盐、葱、蒜，捏成形后上屉蒸，蒸熟后切片油炸，一道可以顶饱的小吃就可以上桌了。

延庆的乡村名吃中，还有粥，就是**延庆杏仁粥**。

延庆杏仁粥用的食材与大众的普遍认知有所偏差，首先，延庆杏仁粥用的是苦杏仁，所以不可多放，只为提香；

其次，延庆杏仁粥用的米是小米。

张山营还有一道夏季消暑的汤水，名曰**延庆炒米水**，也有说延庆炒水饭的。

用小米和本地黄豆，放炒锅中干炒到八九成熟，关键是不放油！之后再放大锅中加水熬汤，待豆烂后关火，喝其汤水，可解暑。

延庆的乡村名吃，以当时当地的食材为主，早年间人们以温饱为第一要紧事，但对美味的追求始终不变，变的是对食材的不同烹制方法，花样频出、美味四溢，洋溢出一派人间烟火气。

四、延庆香槟子

您可知“一颗果子香一间屋子”的仙境香薰果？请聆听八达岭镇帮水峪村百年槟子树的自述

早就听说延庆有一种香薰果，“一颗果子香一间屋子”，宛若仙境才会有，真是这样？

在延庆八达岭镇帮水峪村，能见到十几株百年老槟子树，印证了**延庆香槟子**的籍贯。1990 年的《北京果树志》记述其来源的表述是“原产北京延庆县”，记述的分布情况也是“北京延庆县西拨子乡邦水峪村”，并记述了“延庆县邦水峪村 60 年生大树”的生长状况，无不表明延庆香槟子的地方特色与历史。今天，延庆香槟子怎样了？

这次走进帮水峪村已过大雪节气，肃杀冬日感扑面，

但欣慰的是遇见了编号 19 的“百年香槟果树”，它依然健壮！

帮水峪村有着悠久的延庆香槟子的种植历史。在《北京果树志》中对延庆香槟子有这样的描述：“有浓郁的香气”，其果实“全面紫红色，果皮较厚，果心小”，“果肉淡黄色，肉质较粗；风味酸涩；有浓郁的香气；果汁中等多”，“果实较耐贮藏，经贮藏的果实品质较好”。

怨不得，当地人都知道每年 9 月初前后果子成熟，但“不好吃”，“刚摘下的延庆香槟子味涩肉艮，得放一段时间才好吃”，“到八月十五时，把果子放在家中柜子里，整个家都香了”。

《北京果树志》中还记述延庆香槟子“别名酸槟子”。虽然评价延庆香槟子“风土适应性及抗逆性较强，抗旱，耐瘠薄，抗腐烂病，耐粗放管理”，“在山坡薄地，不施肥、不浇水”，“仍能正常生长，果实香味浓”，“较耐贮藏”，但“味酸涩”，所以书中认为北京地区今后“不宜发展”，至少，在1990年时，一切生产的目的还是为了吃，延庆香槟子更多的是温饱之后的生活情趣利用，因此，此果只适合盛世享用。

今日延庆香槟子

今日不同，人间水果美味丰富，品种多样，可以用这仙境香薰果来调剂生活，放车里、放写字间、放屋里……天然纯净、无化学刺激，应是别有意趣。

见过香艳的延庆香槟子后，沿帮水峪村继续南行，在帮水峪村东南，您可撞见巍峨长城花家窑子段石边长城、砖石长城和土边长城的交错绵延，以及一座完好的菱形墩台和多座敌台，带您穿越到明朝初年兴建之时的情景。

帮水峪花家窑子段长城

五、延庆八棱海棠汁和冰海棠

石峡沟里演绎的冰封冬季果味

20 世纪的记忆中，海棠果一直是北京果脯的重要原料，京城还可见冰糖葫芦中夹叉几枚海棠果，

长城第一村

能使整串的口感更甜蜜。

走进八达岭镇的这条山沟，在帮水峪和石峡领略古老的延庆原产品种八棱海棠的逸闻。

冰冻后的延庆八棱海棠——据传说延庆冻八棱海棠还做过皇家贡品

延庆八棱海棠现在被延庆人称为“老八棱”，因为这些年在延庆以香营乡为首的延庆八棱脆海棠，因其鲜果具有良好的风味口感而备受食客欢迎，所以，此前以果脯加工来掩盖海棠鲜食口感的老八棱海棠就稍显逊色了。

当地人说，延庆八棱海棠得冰冻之后才好吃，老乡们说：“这儿的白海棠树熟了摘下来就好吃。”

延庆的老八棱海棠，属西府海棠，原产于八达岭镇的帮水峪村和康庄镇的榆林堡村。延庆八棱海棠果实近圆形，有五棱，果实形状小，呈鲜红色晕，色泽鲜艳，果皮光滑，有光泽，果粉较厚。延庆八棱海棠的果肉淡黄色，肉质细，果汁中等，口感酸甜，微涩，果实耐贮存，采摘后置于室外背阴处即可，也可冷冻，可贮至翌年的 2 ~ 3 月。

延庆八棱海棠冰冻后口感才甜，在延庆产区，这海棠就不摘了，延庆寒冷的冬季就让果子在树上挂着冰冻吧，此时您来，摘下来就好吃！

冻到新年吃的冻海棠，鲜红甜美

延庆八棱海棠树一般 2 ~ 3 年即可结果，风土适应性和抗逆性均强，抗旱、抗寒、耐瘠薄、耐盐碱、耐湿涝、较抗病虫，但“肥、水不足生长较弱”。

每年9月中下旬果实成熟，有趣的是，延庆八棱海棠的果实要分两期采摘，第一期得8月上中旬就摘，此时果实的色泽“由深绿变为黄白”，很像安吉白茶的叶片泛白期，此时采摘的果子称“白海棠”，当地人说口感是甜的。以前，人们采摘白海棠后，同样可以做果脯、加工蜜饯，也可以冰冻贮存，放到新年食用。

第二期采摘时间就是延庆八棱海棠的果实正常成熟之时，即9月中下旬。采摘后若想整个冬季食用，就直接冷冻好了。

也可以待海棠果摘下后，切片晾晒，在延庆这里晴好天日照强，院里晒，两天就干了。海棠干可以久存，还不长虫，存个两三年绝对不成问题！一般来说3斤鲜果晒1斤干，海棠干可以熬制海棠汁，加入老

延庆八达岭镇石峡村的夜

延庆八棱海棠特饮

冰糖，熬 6 个小时，口感极佳。

闲暇时来石峡村的山沟转转，当夜幕降临，饮一杯暖暖的延庆八棱海棠特饮，驱散寒凉，让身心快乐。

在八达岭镇的区域，避开八达岭长城的喧闹进入石峡村的道路，有两山夹一涧的险峻之感。

关于八达岭的得名也有多种传说，据明代《长安客话》记载，这里“路从此分，四通八达，故名八达岭，是关山最高者”，可见八达岭在居庸关的外口，因四通八达而得名。

八达岭长城位于军都山关沟古道的北口，当时作为居庸关的重要前哨，北控延庆、赤城、蒙古，西扼张家口、怀来、宣化、大同，东据永宁、四海，南守昌平、北京等地区，素有“居庸之险不在关而在八达岭”之称。

明弘治十七年（1504年）始建关城，历经数十年修筑，构建起城关相连、墩堡相望、烽火报警的完备防御体系。此地地势险要、城关坚固，是护卫京城的重要门户，素有“北门锁钥”之称，周边岔道城作为前哨指挥部，在军事防御中作用重大。

现在的岔道城被整体开发成旅游古街形式，不收费。街上有岔道城隍庙、关帝庙、清真寺（暂不开放），其他与全国的古街景致无大差别。

第五章

七彩纷呈

五色并庄、双色香宣，
占齐赤橙黄绿青蓝紫

井庄的多彩最是耀眼的艳红——延庆五味子红艳得叫人过目难忘。焦黄的葫芦、三色的豆腐、碧绿的艾蒿，勾画出赤橙黄绿和青黛，延庆的青黛黄三色大豆调配上井庄的井水，点卤出延庆柳沟豆腐的三色火锅，一争酸浆点豆腐的头筹。好一堆五色井庄俏厨娘的精选食材，还有浓紫重色的延庆箭杆岭紫薯和延庆紫土豆。延庆国光苹果和延庆香白杏，在赤与橙的过渡色中，点亮延庆八棱脆海棠的橘红。

香营，最不缺的就是香——花开四溢果香沁脾，初春的千亩杏花和海棠接应，香营，充斥的全是香！

一、延庆五味子

除了艳丽的红，它还是可以享用的好物

一提延庆井庄，许多人就会联想到柳沟，联想到豆腐宴，很少有人知道这里还有一种艳红的药材——**延庆五味子**。

等待收获的延庆五味子

我国是五味子的原产地，五味子具有极高的经济价值。延庆，气候凉爽，而五味子喜凉爽气候和荫蔽湿润的环境，并喜排水良好、富含腐殖质的土壤，冬季可以短时间耐零下 10 摄氏度低温。

延庆，昼夜温差大，有利于植株日间的光合作用和有机物的生成，夜间因低温减少了植物自身的呼吸消耗，促进有机物的积累，特别是糖类和药用成分的增加，延庆五味子果实内的五味子醇甲、五味子素等成分大幅增加，使其药效提升明显。

昼夜大温差，还能提高五味子植株对逆境的适应能力，抗氧化活性增强，减少病虫害；同时，促进五味子生成更多次生代谢物，如木脂素类化合物，这些成分与其药效密切相关。延庆五味子的药性含量高。

延庆五味子的果实为浆果，艳红、肉质、球形，直径 5 ~ 7 毫米。味道独特，同时具有酸、甜、苦、辣、咸，层次丰富，有人能尝出花椒味、大料味，入口感觉味道神奇。

延庆五味子目前亩产达 750 ~ 1000 千克，可以靠剪枝和管理达到产量均衡，不出现大小年。

延庆五味子成品为炮制的五味子干果，经采摘→晾晒→醋制醋蒸→再晾晒→制成成品→装罐的工序；平均 4.5 斤鲜果出 1 斤干果。

采摘

晾晒

炮制完成的延庆五味子

五味子具有助眠、护肝的功效，可茶饮，放 5 ~ 10 颗冲泡；也可熬汤，用量可酌情，因为，五味子别名“山花椒”。

二、五色井庄，你该叫人如何描绘

从柳沟火盆锅到柳沟豆腐宴，延庆豆腐绘出食色青黛，讲述了一座柳沟古城。青黄的葫芦或是太上老君的遗失物？箭杆岭的紫红叫人记住了延庆箭杆岭紫薯、延庆紫土豆，还有箭杆岭冰糖蜜薯！更有井庄三司柏木熏肉，承袭着燕北的名吃技艺，撩人食欲

井庄，地势似一个南北狭长的簸箕，南高北低，东南西三面环山，似簸箕的帮，北面入妫水河。现在行驶在南滨河路上，无论冬夏与秋冬，两侧树木林立，植被层次错落有致，满眼的享受。

前往**柳沟古城**和柳沟村的路十分平坦，二十年前这里享誉京城，源于“柳沟火盆锅民宿宴”。

一大桌以各式主食、杂粮、土菜充满桌面的农家菜，中心是以豆腐为主的什锦火锅，热热闹闹，成本不高、人均十几元的中餐，管饱、富新鲜感，城里人乐此不疲地来柳沟的农家吃“席”，一时名声大噪。

原以为柳沟只是农家乐。

1995—2010 年的《延庆县志》记录了 2007 年的“柳沟火盆锅民俗宴”场景

发展到今天，以豆腐火锅为主打菜的**柳沟豆腐宴**，已经超越柳沟火盆锅的随意，变得讲究起来。无论房屋装修、用餐环境，还是菜品摆盘上桌，都不可同日而语了。

柳沟豆腐宴归根结底是豆腐，柳沟各家的豆腐什锦火锅味道会略有差别，但豆腐都是一样的——**延庆豆腐**，

柳沟的豆腐宴，以豆腐什锦火锅为主打菜

它也是酸浆豆腐，只是柳沟用的豆腐有三色：白、绿、黑，分别是黄豆豆腐、绿黄豆豆腐和黑豆豆腐。

延庆绿黄豆和它制成的绿豆腐

柳沟，原以为只是一个村，殊不知它是一座精巧的小城，有城墙，有城隍庙，设“柳沟城把总署”。

在柳沟古城，登上古城墙鸟瞰脚下的柳沟

《光绪延庆州志：延庆州乡土志要略》中这样描绘柳沟城的位置：地图中柳沟城城池正方，居中，在明代具有极强的战略地位。

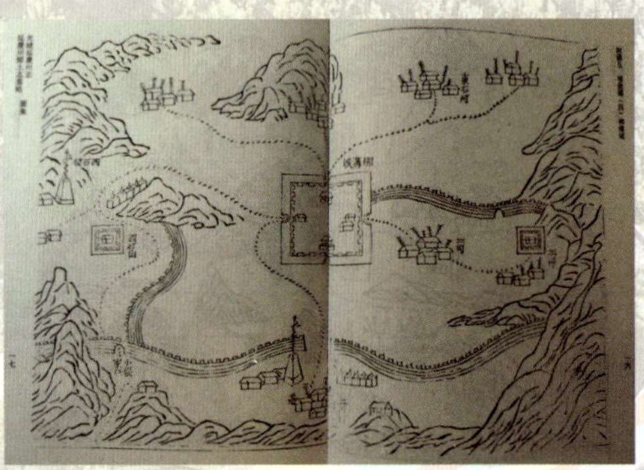

柳沟城，在八达岭东北方向，是塞外游牧民族绕开居庸关攻打京师的秘密通道的最北端。作为明代重要军事城堡，柳沟城墙坚固，防御设施齐全，是南山路长城防御体系的关键部分。

隆庆元年（1567 年）修建新城后，管辖范围西起榆林堡东至四海冶，成为延庆地区最高军事长官驻地，承担着保卫城池、侦察敌情等任务，对抵御外敌、保障周边安全意义重大。

柳沟城里有座城隍庙，始建于明代，清代进行过修缮，2007 年年底又再次修缮。现仅存正殿三间，其他建筑已无存。要知道在明代，柳沟城可是居庸关的重要门户，担负着明皇陵的防务重任，城隍庙的存在见证了柳沟古城昔日的繁华，完整城池建制，以及重要的军事地位。

柳沟的古城墙可登上观景。柳沟小城，您得空值得来逛吃。

离井家庄不远，在美丽的南滨河路边，有一个**南老君堂村**，看见村名就让人想到了太上老君，想到了太上老君，便就少不了他老人家的法器——葫芦。

说来也巧，现在这个村最大的特色产品就是葫芦。

据说这是延庆唯一的“葫芦村”。葫芦，

除了摆件和把玩，菜葫芦还可烹饪美食，例如炒葫芦丝，若成“葫芦宴”，或许连餐具都可由葫芦承担的吧

谐音福禄，再加上南老君堂这个村名，便有了想去看看的冲动。

南老君堂村的村史展示在村委会对面的墙上，明初建村，实为军屯，又因有座老君庙而得村名。现老君庙无存，村内有座南老君堂关帝庙，在村中街道旁。一进小院一间正殿，供奉关帝塑像，无壁画。

距离井庄镇政府 20 里地，在井庄镇的南部，有一个山沟里的山村——四面环山的**箭杆岭**村。

村名的由来源于此处山中盛产白蜡树，白蜡杆是冷兵器时期的箭杆和枪棒的最佳原料。明代延庆属拱卫京师的卫城，武器装备的生产为第一要务，此处是重要的箭杆生产地，因而得名。也有传说，箭杆岭村的得名与刘伯温有关。

走进箭杆岭村，您会看到那株约 520 岁高龄的老榆树，树姿苍劲挺拔，严冬腊月的寒风中，老树沉稳坚定地屹立在箭杆岭龙王庙前，自带灵气似的护佑着小山村。

箭杆岭最叫好的除了非遗手艺的箭杆之外，就是箭杆

箭杆岭村的黑龙王庙和庙前约 520 年树龄的老榆树

岭的“三薯”：蜜薯、紫薯、紫马铃薯——这些过于书面的表述，其实就是百姓口中的红薯、紫薯和紫土豆。

要说独特，**延庆箭杆岭蜜薯**的强项是口感甜，最高含

糖量可达 16°Bx ~ 18°Bx，远高于同类产品，但不耐贮存。而延庆**箭杆岭紫薯**和**箭杆岭紫土豆**，最大的品质特点是：紫！也就是说它们紫色浓重，远浓于同类产品，尽管只是目测，单就是延庆箭杆岭紫土豆，外表无甚奇特，但切开后却叫人眼前一亮，原来土豆也可以这样紫！

延庆箭杆岭紫土豆 10 月后上市，淀粉积累充分，口

和普通土豆无甚差别，切开后却酱紫

感甘、面，耐储存。

究其原因，不外就是箭杆岭四面环山所形成的小气候，天气条件相对稳定，同时，箭杆岭拥有较大的山场面积，天然溪流和泉眼丰富，水质纯净，箭杆岭村的土壤属淋溶褐土，具有较好的排水性和透气性，特别适合“三薯”的生长，且产品品质稳定。

每年 9 月下旬到国庆节结束是延庆箭杆岭紫薯和延庆箭杆岭蜜薯的丰收时节。

井庄的**三司村**在柳沟东北方向，车程 4 千米，是明代宣府南山路的关口，属军事重地，村内的“三司城堡”（部分）属长城系列建筑的全国重点文保单位，全石磊建筑。

三司村曾名石头村。明代修筑长城时，这里隶属延庆南山路边垣，得名“三司”。南山路边垣长城东起九眼楼，西南至清水顶与八达岭段长城相连接，总长 59.4 千米，占延庆境内长城总长的 33%，曾是防御北方草原民族的前沿地带，军事地位极其重要。

来三司村除了观景，还有一样京郊小塞外的美味——

三司城堡

土边长城烽火台

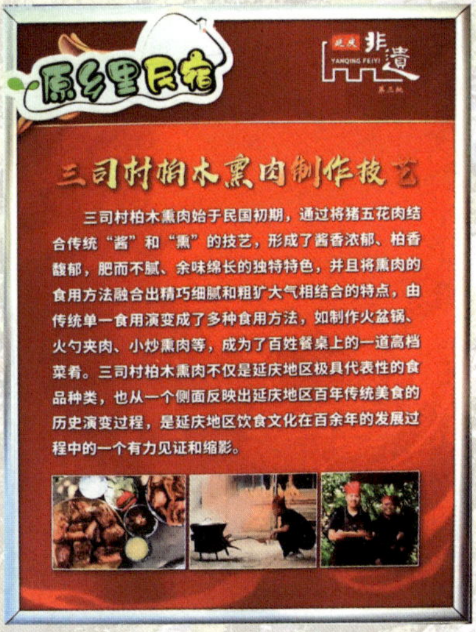

三司村柏木熏肉。目前三司村柏木熏肉已是区县级非遗手艺，其熏肉的品质特色被描述为“酱香浓郁、柏香馥郁，肥而不腻、余味绵长”。

延庆，仲秋到阳春二月都较寒冷，食肉该是御寒的方法之一吧？

井庄镇还有一个**窑湾村**，知名度也很高。

窑湾村的“社区化”建设、布局风貌很城市化，进入村庄就像进入了联排别墅小区，房屋风格、建制一致。

村内的非遗手艺制品都在村委会的一楼展厅里，但村东头的龙王庙，以及村外向东、公路南侧高坡上的观音庙，展陈整齐，平日开放。

三、美味的延庆八棱脆海棠

不同于延庆八棱海棠和延庆海棠的俏丽果

10月下旬的延庆，当杨树已经落叶的时候，您可得记着来延庆、来香营乡吃延庆八棱脆海棠——延庆的惊艳俏丽果。

香营乡因政府驻地为香营村而得名，又因为位于香营乡的缙阳寺在唐代始建后，经辽、元、明、清历代扩建和

同一天的延庆，像是两个季节，杨树已入冬，而延庆八棱脆海棠却在秋收时节

修葺，成为重要的佛教活动场所，香火极其旺盛，香营村是前往缙阳寺进香朝佛的必经之路，村中亦有制香，由此被称为香营。

不同于延庆八棱海棠（老八棱海棠），**延庆八棱脆海棠**除了主打鲜食口感脆之外，它的果实个头也比老八棱果略大，外观色彩为橘红泛红，而老延庆八棱海棠的果色是全红或深红。

延庆八棱脆海棠

延庆八棱海棠（老八棱）

丰收时，堆在树下的延庆八棱海棠（老八棱）和延庆八棱脆海棠，果实外观色彩区别明显

延庆八棱脆海棠可人的品质特征是甜，村民介绍说："延庆八棱脆海棠的糖度值可达18(°Bx)！口感是脆、甜！"很是自豪的口吻。

延庆八棱脆海棠产区以延庆香营乡为主。香营乡，最先知道它的特产是延庆香白杏和延庆国光苹果，现在，它还盛产延庆八棱脆海棠。究其原因，就是这里的土壤和气候的小环境，适合果品生长。

香营，全年平均气温为8.2摄氏度，夏季气候凉爽，年降水400多毫米，集中于每年7月，沙壤土质，易于雨水渗透，不会积水。延庆八棱脆海棠种植需要水，但不能积水，这里的土壤自然排灌功能较强，而且，香营地区海拔相应高于延庆城区，日照强，晴好天数多，昼夜温差极大，使得这里的延庆八棱脆海棠着色鲜艳，红、橙二色明亮色强，非红即橙。

据说延庆八棱脆海棠还跟随航天试验"上了太空"，"已经种下两年了，第三年就可结果"。

现在的延庆八棱脆海棠风土适应性和抗逆性均强，抗旱、抗寒、耐瘠薄、耐盐碱、抗病虫，果实外观艳丽。

每年4月下旬到5月上旬，正值海棠花开，满坡满眼都是淡雅的海棠花，偶有小雨，花瓣凝露，越发叫人欣喜。

此外，香营还在培育海棠盆景，现在已有带果的海

树熟的延庆八棱脆海棠

棠树盆景走进重要的办公场所，您不妨来挑选一盆，增添喜庆。

延庆八棱脆海棠果皮薄，果面光滑而有光泽，果心小，果肉淡黄，肉质较细，果汁较多，味甜脆爽，较耐贮藏。10 月上旬果实进入成熟期，一直到 10 月底前，您可以抽空来摘果子。

由于这里的沙壤特质，香营的海棠树下还种延庆红薯，土质、气候、日照、温差都适合，延庆八棱脆海棠树下的延庆红薯，除了甜，还特别香，也许是红薯香夹杂海棠淡香？说不清楚，您可以亲自来尝。当地人说，海棠树下的延庆红薯，每年 9 ~ 10 月份收获季，“在地头就被卖光了”。

四、老牌的延庆地标品牌特产

延庆国光苹果和延庆香白杏，在香营您可一站揽入

延庆，有两样水果还是儿时记忆的味道，一是延庆国光苹果，另一个是延庆香白杏，也是目前延庆区的地理标志证明商标产品。

延庆国光苹果在张山营有出品，在香营也有出品，虽然现在都产量不高，但因耐贮藏，以及适应部分消费者的消费习惯，依然有种植，且品种不变。

延庆国光苹果

延庆香白杏则不同，是一款深受食客喜爱的延庆特产。延庆香白杏果皮黄白色，略有红晕；皮厚，果肉黄色，肉质松软，纤维少，果汁多，风味香甜，清爽不腻；可溶性固形物（全糖类）含量超过 13°Bx，品质上等，更可人的是，延庆香白杏是甜杏仁。

每年，延庆香白杏都以其香气十足、口感甜蜜、果汁丰沛的特色，很受欢迎，但产地少，目前只有香营和旧县可以出产，且产量不高。

延庆香白杏的出名有悠久的历史，只是适合种植生长的区域在延庆也只有香营的辛庄堡村和旧县的北张庄村、白羊峪村，即两个乡镇的三个村，村子的海拔均在 600 ~ 800 米的高处，属延庆北部山区，气温高于北部山区的其他区域，延庆香白杏树均种植于背风向阳坡面。小气候的年平均气温高于 10 摄氏度，阳光和辐射较其他果树带更强。

春季，杏花是最早的果树“报春花”，延庆香白杏 4 月开花，春季的充足日照是杏花盛放的保证。这里年均降水量仅 300 毫米左右，春季大部分日子是晴天，有利于杏花坐果。

延庆的这三个村多在山洼里北坡根处，背风，留花率高；同时，这种山洼北坡根区域白天日照强、温度高，太阳落山后温度又直线下降，有利于杏果的糖分积累；而延庆相对清冷的天气，使延庆香白杏甜而不腻，甜得清爽。

这里还有个关键是土壤，这里的土壤呈微碱性，pH值 7 ~ 8，干湿交替，干多湿少，而且有机质含量在每千克 20 ~ 30 克，特别是有效磷和有效钾含量均为延庆区内的高值，对于延庆香白杏而言，土壤的微碱性、磷钾含量，特别是铁的高含量是其香味浓郁的原因；气候上的大温差、背风日照、高辐射、高海拔地带（相对延庆其他水果生长地）是其白、甜、清爽的主要原因。

延庆香白杏每年 7 月上旬果实成熟，但成熟期不超过 10 天。树上长熟的香白杏香气更加浓郁，风味为“冰糖”甜，具有清爽而不腻的香甜感。为利于运输，须在盛熟期前 3 ~ 4 天采摘，您可得掐好时间来。

延庆香白杏，真的甜！您吃了吗？

中华人民共和国地理标志
GI
GEOGRAPHICAL INDICATION OF P.R.CHINA
93110229MA01HGOR5R
延庆香白杏
许可备案号：20210000034761

延庆香白杏

五、丰富的地质地貌天然景观、恢宏的人文壁画和建筑让人领略妫川一隅的刚毅

遇见五色龙潭和缙阳寺

延庆有五色“龙潭”，分别是永宁上磨的黄龙潭、千家店沙梁子的黑龙潭、井庄孟家窑南的红龙潭、永宁四司

延庆白龙潭证明了远古时期延庆及北京地区的极寒气候

的青龙潭，还有一个实为巨型冰臼的白龙潭，位于大庄科乡昌赤路旁，形成于两三百万年前，堪称一奇。

号称“妫水源头”的黄龙潭

现已是乌龙峡谷景区的黑龙潭，景色很美，还有建筑精巧、殿宇错落、展陈说明详尽的千家店沙梁子龙王庙

县级文物保护单位沙梁子龙王庙

除了龙潭，延庆的龙王庙极多，许多村都有，规制上有大有小，千家店沙梁子龙王庙几乎是延庆区最大的龙王庙，而珍珠泉的南湾村龙王庙又似乎是延庆最小的龙王庙，视觉上仅一人高，感觉长宽尺寸也一样的立方体，需躬身进入。

袖珍的珍珠泉南湾龙王庙

真想知道为何延庆历史上留下的龙王庙这么多。现在的延庆，捕捉到的美叫人深爱，翻阅了资料才明白，大自然对延庆也会有恶作剧，带来的灾害令人生畏。

据《延庆县志（1995—2010）》记载，“水灾、旱灾、冰雹、大风是延庆地区主要自然灾害”。曾经有人调侃说：“延庆，一年一季风，从春刮到冬。”还有记载说“延庆是京郊风雹多发区，风雹灾为十年八遇（多为局部受灾）”。

而干旱在延庆则是“十年九旱”的记录。延庆州的气候和干旱是最令人焦虑和担忧的。但是，1939年5月16日至7月9日，延庆却连续大雨49天，间有大暴雨。妫水河上下汪洋一片，延庆盆地顿成泽国，城乡房屋被水冲淹毁坏近2000间，被洪水吞噬的人、畜、财物不计其数。

大庄科乡董家沟弥陀寺正殿东墙壁画原貌，古朴细腻的行雨图（局部）

打破惯例的不定天时，让我们明

白为什么在延庆会看到几乎遍布各村的龙王庙。更能明白，没有哪个地方是有庙就有壁画的，而在延庆，大大小小的龙王庙里几乎都有壁画，这些壁画都是龙王行雨图和雨雾回宫图。

延庆镇司家营村龙王庙中修复过的行雨图壁画，具现代风格和鲜明的色彩

这下似乎明白了龙王庙在那时对靠天吃饭的农家人来说是多么重要，它既是精神寄托，又是物质祈盼，风调雨顺是年年岁岁的祈祷功课，由此看来，延庆特产的土贡物品就显得更加珍贵。

《光绪延庆州志：延庆乡土志要略》在记述延庆物产时这样说："……延庆居北平极边，地僻物啬，即所产不过利用之常，乌足登志！"

尽管如此，“土贡”物品不能少，当时每年进贡的特产也是我们今天还在出产的土特产，主要是药材：“甘草150斤，黄芩150斤，苍术100斤，芍药100斤。”

还加了编者按，记述说：“延庆物产与他邑无大异，惟八仙洞山坡松、柏及居庸关沟香柴，内务府委员采取进贡”，还详细记载了内务府派大员采办的延庆州特色好物名称，巧合的是其记述方式正是今天知识产权局认定地理标志品牌产品的表述方式，书中记录的延庆特产是“八达岭杏仁，俗名叭哒杏仁；张山营王瓜，黄柏寺西瓜，西胡家营甜梨，杨董家庄苹果、槟子……”。

“地僻物啬”，全年进贡合计4样250千克，今天看来少得可怜。

另一方面，“妫川的刚毅”表现在延庆卫城文化的特色上，我们在延庆各寺庙的壁画中观赏和领略得更加清晰，

壁画的上半部分表现了天宫“神仙打架”的场景

特别是华夏冷兵器时期的作战场景，最经典的是永宁和平街村的古“旗纛（dào）庙”，现称火神庙，那里的壁画值得静心观看，铁马兵戈的场面上进攻和防御的兵器，成为直观的教科书。

盾牌铿锵，表现人间将士征战

延庆，恢宏的人文建筑除了满眼的长城、烽火台，复建中的**缙阳寺**也拥有久远的历史和厚重的文化。

缙阳寺始建于唐代，经辽、元、明、清历代扩建和修葺，是重要的佛教活动场所。现虽然迁到佛爷顶原址之下，且还未完成全部内装工作，但整个建筑物已矗立，轮廓、功能、用意清晰，给人满满的皇家驻跸场所的穿越感。

今日重修的缙阳寺，将参天古树围入大殿中央，贯穿全部楼层，据说从贵州运来，难得的是须三人环抱的树干几十米上下近乎同等粗细！说大柱将成为日后大佛造像的中心支撑，许是遵从这里原有丈余石佛供奉的原因吧。

缙阳寺

缙阳寺藏经楼

延庆缙阳寺，是延庆地区有记载的最早、最大的寺庙之一，具有重要的历史、文化和宗教意义。位于香营乡香营村北香龙路北侧，因未竣工，道路无指示。

缙阳寺，曾因供奉丈余石佛，成为延庆八景之一，堪称“缙阳远眺”。

据记载，延庆缙阳寺始建于唐晚期的唐僖宗时期，就是那位将茶具等宝物置于法门寺地宫的唐代皇帝。初建时，缙阳寺只是一座禅院。

从辽代开始，缙阳寺进入了它的辉煌时期，一是多次扩建，二是成为辽代多位皇帝的巡幸驻跸处，辽代赐名“缙阳寺”，辽兴宗曾在寺内久住。

到了元代，缙阳寺再一次扩建和重修，元仁宗时期寺内供奉“高达丈余”的石佛，曾被百姓称为石佛庙。自此，缙阳寺便成为佛教传播及民族文化交流的极其重要的场所。

此后的明、清王朝都曾对寺庙加以修缮。20 世纪 60 年代末寺庙建筑及石佛具毁。

缙阳寺，因其当时的社会地位提升，进香官宦和民众剧增，近寺处制香成为必需的产业，于是，山下形成了制香的香村，也就是今天的香营村。

现在的香营村及香营乡域，制香业已经消失，但香营的土壤和气候条件利于水果种植，如今，其水果产业已入规模，且几十年产品质量稳定。

香营，素有注重文化传承的习惯，在新庄堡村有座九神庙，为民间信仰的寺庙，以龙王为主供，但庙里规矩地将供奉的画像（壁画）树立了名头牌位，成为民间文化常识、神话人物肖像了解的实景课堂，也显示了百姓对风调雨顺、无虫无害的农耕生活的祈愿，壁画推测绘于清嘉庆二十一年（1816 年）重修时。

从左至右牌位：狐仙、龙王、虫王

庙里供奉的九神分别是：龙王、狐仙、虫王、菩萨、关公、火神、土地、山神、武道，几乎面面俱到。

此外，今天的香营乡，您来了还有延庆八棱脆海棠、延庆香白杏和延庆国光苹果值得带回送亲友。

从左至右牌位：火神、关公、菩萨

从左至右牌位：土地、山神、武道

第六章

只此青绿点红头

延庆特产的丰富不仅限于种植
和养殖的特色品种，
更有自产自销的大集贸易
透射出的人间烟火味道

延庆集市的色彩让人想起曾经的袅袅炊烟和儿时的食物香气，延庆，一个可以满足几代人味蕾记忆的所在。

延庆康庄的后花园式特色养殖产业可用令人惊喜来形容。普通的大田作物延庆鲜玉米，让康庄人种出了全市的亩产状元，而延庆食叶草的诞生，叫人领教延庆食材的多彩和味觉变化。

延庆，依然保留着种养殖的农牧习俗和赶集的日常习惯，让快节奏的城市生活有了惬意的疏放之处。京城塞外赶集去！在延庆，几乎每个乡镇都有大集，每周七天，只要您跑得动，午后一点前，延庆域内每天都有集！延庆大集，捕捉延庆自产特产之处；延庆大集，百姓的自由贸易港湾，是乡村充满兴旺活力还不失质朴的地方。满眼青绿，不论季节，摩肩接踵，不分夏冬。

再叙延庆，也能购物也能游！

一、康庄的别样青绿

谜一般的延庆食叶草，令人称奇的害虫天敌养殖场，还有观赏锦鲤的一抹红

掩书息笔时，再添一桌席，来康庄，谜一般的**延庆食叶草**叫人领略延庆食材的丰富。

这是草？菜？听说它有时是以“主食”植物介绍的，怀着“质疑”的态度走近它，发现它其实就是延庆当地的“土大黄”，也称“金不换”“救命草”，全身都可药用。村民们用它的根部泡脚，可以治痛风和脚气；叶子捣碎了敷上可以消肿；结的籽做枕头，可以降血压。但“口感苦涩、微酸，猪都不吃”。

2021年开始种植改良品种，改良后的“土大黄”，以

食叶为主，没有苦涩，一月一茬，精确点说是25天，地上部分的叶子就可达25～30厘米；它的根系长，5年可深达1.5米，有良好的水土保持功效，还有产量大、营养成分高、蛋白质含量高，具有药食同源的优势。据说在俄罗斯，它还是军马的最佳饲料。因产量大，在延庆，可以一年六茬儿，吃不完还可以造纸。

现在，让我们来尝尝延庆食叶草做成的佳肴吧。

第一道：鲜榨与茶饮。

鲜榨食叶草汁

冲泡后的食叶草茶，汤色呈棕色

鲜榨汁清香顺滑的口感和翡翠般的色彩，令人心旷神怡；“食叶草茶”冲泡后的口感则有酸涩感。

第二道：凉拌与鲜食。

凉拌，焯一下撒盐和蒜汁，吃出一口惊艳的味道——是北纬40度

最是难忘的凉拌菜

不可能出现的味道，那清澈提神的柠檬草味难以忘怀！记住它了！

鲜食的叶子在蘸酱的调味下毫无微酸，拿人的手艺已放到了蘸酱的炸制火候和味道上，只留下清脆感，延庆食叶草鲜食的特点是可蘸酱、可卷“天下”。

第三道：扣肉与汤菜。

在此，延庆食叶草成为菜品中的主要配菜，但均需使用腌制后的干菜再发泡食用，近似梅干菜的制作和食用。

毫不夸张地评价延庆食叶草，可以在配菜中占有重要地位——就凭延庆食叶草的食用功效及佐餐味道。

第四道：璀璨主食。

图中食叶草磨出的粉是绿色的，食叶草籽磨出的粉是粉色的

用璀璨来形容延庆食叶草做的主食，不仅是因为它的主食制作品种多样，还因为它可呈现的色彩！绿叶的天然养生色和淡粉的清新食欲色，交相呼应出延庆食叶草的完美餐食。

从饮品到凉菜，从主菜到主食，从口感到营养，一叶搞定——颇为有趣的延庆食叶草！

美中不足的是它不便清炒，会“破相”；它也不便于鲜叶运输和储存，也会“破相”——鲜叶难得。但您可以到位于康庄镇榆林堡的禾亩润丰生态农场来现场品鉴，还可以带走半成品。

康庄还有惊奇！它有菜篮子的害虫天敌（虫）养殖场。

作为外行，在看热闹、看稀奇的心理驱动下去看，因为看不出究竟，完全不懂，但却莫名地对延庆特产有了一种购买欲。

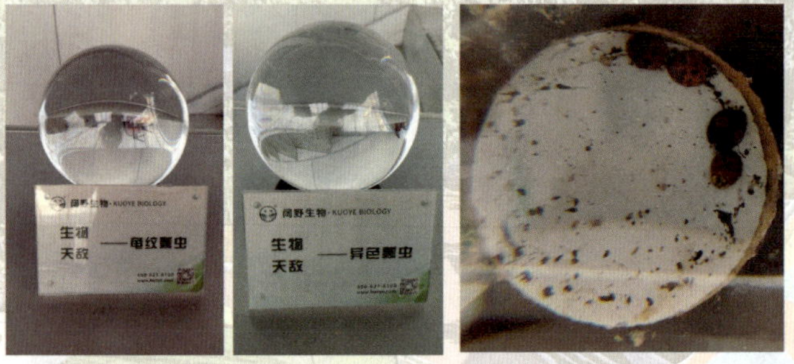

它们是害虫的生物天敌，以益虫吃害虫，实现无药灭虫

目前这里量产 10 种有益昆虫，大量需求的有 6 种，最多的需求是能吃蚜虫的瓢虫，这瓢虫是当地农民在野外采集的，延庆地区从 6 月份开始，一直到 11 月都可捕捉。

在这里还听到了有关虫子的趣闻，“害虫都是吃素的，益虫都是‘吃肉’的”！

更有价值的见闻，是益虫的利用率。延庆葡萄一直作为延庆特产闻名，真实采访到的延庆唐家堡葡萄以“坚持不打药”作为自己的生产理念，他们对葡萄红蜘蛛的虫害治理就是依靠这里的天敌虫来处理，他们认为生物防控最简单，也最管用，只是成本相应高，但葡萄的食品安全问题得以保证，同样有巨大的市场需求。

延庆的天敌虫们，一定得好好地为硕果丰收服务。

延庆，被誉为京城小塞外，相比北京城里气候略显寒凉，这里还以日照强、温差大、地下水矿物质含量较高著称，被认为与出产多彩锦鲤的日本新潟县气候环境相似，成为延庆锦鲤着色深厚的有利条件，也是延庆物产的又一特色。

延庆锦鲤有中国大锦鲤中漂亮的“玉米”“知秋”等品种，还有可爱的高品玉鲭。锦鲤，寓意美满、艳丽灵巧，可雅可俗。

延庆锦鲤，一抹靓丽的风景。

玉米

大正三色锦鲤

知秋

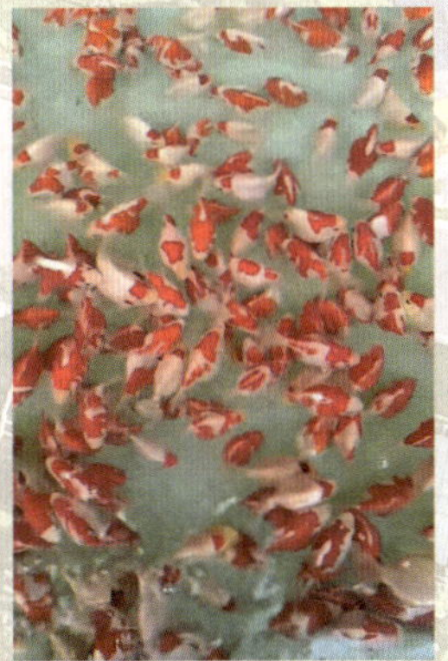

高品玉鲭

胖胖的高品玉鲭

二、延庆的后花园式特色养殖品种令人惊喜

回京的“北京黑猪”、康庄的纯乳制品和千家店的柴鸡蛋

延庆，与京城若即若离的距离感，加上地貌景致的变化，真实体现了京城后花园的作用。

京城，严格限养。延庆，严密管理、规范操作后绽放出老北京物种的延续。延庆，荤素土产齐全，可以满足您餐桌上的荤素搭配。

“**北京黑猪**”的知名度至今已有半个多世纪了，20 世纪 60 ~ 70 年代由北京本地黑猪和进口的巴克夏猪、约克夏猪、苏白猪、高加索猪等品种多次复杂的杂交繁殖后，终于培育出具有体质好、生长快、瘦肉率高等特点的北京

黑猪育种群，并于 1982 年通过了农业部（现农业农村部）部级和北京市市级鉴定，确定为肉脂兼用新品种猪，并且正式命名为“北京黑猪”。

北京黑猪的特点是肉质鲜美、繁殖力高、生长速度快、适应性强，在北京郊区大面积推广养殖，一直是北京人的餐桌大菜。但十几年前因各种原因北京黑猪被要求“禁养离京”了。

多年以后，因多种原因，也为了“北京黑猪”种群及品质的纯正性，北京黑猪还得在北京生长。在多方协助、合理安排之下，2022 年，北京黑猪们迁回北京，落户于京郊延庆。

北京黑猪的特色品质让几代北京人记忆深刻，当年的北京黑猪叫人想起就满口留香，它是味蕾的复苏，更是时

活泼好动是北京黑猪的习性，它们小小年纪额头上就有深深的皱纹啦！

代的烙印。如今，北京人还能吃上北京黑猪的肉制品，真可谓是百姓食货福音。

延庆，为北京黑猪的回归调动各方力量，做了充实的准备。

北京黑猪，产自北京的特产。

定量投喂

与猪舍相连的室外活动场地

到延庆，您可以去位于康庄的康张路与康西路交叉路口的向东处，路边有一售货小亭，限时出售鲜牛奶和酸奶，

简单明了的配料表

口感醇厚，当地奶庄出品，没放任何的人为干预口感的调配物质，产量很低，“不靠大众点评上销量”，是品质上乘的**康庄乳品**。

创始人坚持给奶牛回归原生态的生活条件，以让它在自然产奶的状态下出产为原则，于是，这里的牛不吃精饲料，自然受孕不催奶，喂草以及定点种植的有机玉米——平均喂养 1 斤料出产 3 斤奶。

据奶庄创始人介绍，出产乳汁的动物中，只有牛与人的受孕时间最接近。都知人是十月怀胎，“牛也是，和人相差 6 天”，“人怕近亲结婚，动物里只有牛怕近亲产子”，“我们奶庄的牛奶中干物质含量指数平均达到 13（%）”。

至于酸奶，“我们采用后发酵的处理方式”，就是先装罐，在罐内发酵，“不用添加其他物质”。

康庄乳品的口感是醇厚的奶香。

千家店柴鸡蛋是另一好物。

山沟里是天然的天地衔接，现在人们称这种生活方式的鸡为走地鸡，当然，完全逍遥地四处走是不可能的，只是见天接地、自然产蛋、不禁足而已。

但这样的鸡产蛋数量就很有限，而供不应求的市场量

和售卖价格的市场认可度往往不成正比，所以，产业的可持续发展也还在探索中。

千家店深山沟的大石窑，有 600 多只走地母鸡在努力“工作”中生活着，它们共同拥有 2 ~ 3 只公鸡，每年春秋 2 个产蛋旺季，鸡场日产柴鸡蛋 450 枚左右，到了冬季每日骤减至 150 枚左右。

沟深路长，千家店柴鸡蛋的运输目前还有点小麻烦。

三、平和的色调

寻找正宗的延庆火勺、延庆炸糕和延庆旱稻米

在延庆，听到和看到最多、最典型的地方名吃就是“**延庆火勺**”。起初以为是延庆当地口音将“烧”字说成了“勺”字的发音，后来才知道，火烧与火勺有着极大的差异，火烧是火烧，火勺是火勺！

《延庆县志》中有这样的表述：延庆火勺在小吃中独占鳌头。制作火勺不叫“做”而叫“打”。“打火勺”的炉子叫“白炉”，匠人叫“白炉匠”。白炉匠经3年学徒出师。

延庆火勺被认为是“当地风味特产”，它是需要手艺的。

当看到延庆火勺的制作过程和制作工具后，就明白了

它为什么被称为勺——中心有凹的勺型而非为擀平的饼。延庆各集市上都有出摊现场制售，永宁镇街头更是店铺林立，各家的手艺略有差异。

延庆火勺为半发面饼，成品饼只有上下两层饼皮，但饼内有直径5厘米左右、蘸上咸味花椒油的面饼心，给火勺提味，当地食客称之为“舌头”。

延庆人吃延庆火勺也应该有几百年的历史了，都说明朝就有了。

火勺的制作工具并非擀面杖，而是在细杖中间穿上一个粗滚子，手按两端细杖，只以粗滚子在饼内滚压擀薄，擀出的饼中间凹成勺的浅窝，之后入炉烤，翻面时因中间凹下，扣在面板上便发出噗的一声响，“打”出的火勺外皮焦酥，吃时可将“舌头”取出做佐料，延庆满大街卖火勺，一元一个！

但延庆火勺的正确吃法是夹肘子肉或猪头肉，肉切大片，多片一起塞入火勺中。延庆人给食客在火勺中塞的肉可以够一小碟凉菜的量——绝不抠搜！叫人吃到最后一口都有肉。

蘸了花椒油的“舌头”放入饼心

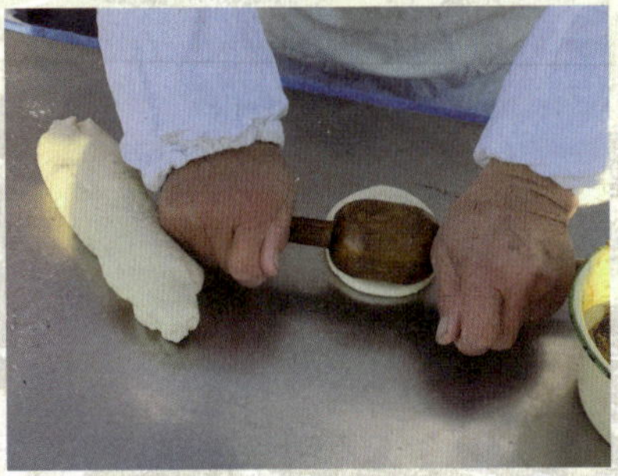

“打”火勺的工具中间粗两头细，在山西叫烧麦锤

烤好的延庆火勺一元一个

现在生活多样化了，传统的夹肉依然是经典的延庆火勺食用方式，只是现在还流行许多自创形式，比如夹麻辣菜的、夹烤串的、夹荷包蛋的、夹土豆丝的……延庆火勺，可夹一切。

每次赶集都能看到**延庆炸糕**的出摊，成品圆圆的，很有型，也许为了便于买回去吃前再回锅，集市上的炸糕炸得不透。当地百姓会直接告诉“外乡人”，“延庆炸糕最有名的是下水磨的李记”。

集市上的炸糕，与李记延庆炸糕外观区别很大

在延庆镇西顺城街和北顺城街路口，河西，您就能找到隐于村内的李记炸糕店。直接推门进去，招来主人，只想吃一个正宗的延庆炸糕。

李记后人说，这炸糕始于祖上 1924 年开始经营的一个摊档，至今也有百年历史了。现今李记炸糕已经上升到代表延庆炸糕水准的标杆地位。

美食的延续和食之难忘的要素，一定是它的选料和制作手法上的独到和坚持，尝过之后，方知李记炸糕的真谛不外是百分之百纯正糯米粉，不添加一丁点的面粉！加上在 100 摄氏度油锅中浸熟，之后再入滚油锅煎炸的烦琐工序。

这样出品的炸糕表层小油气泡丰富，焦黄而呈柔软的扁圆形，一口咬下去便是满口的糯香，豆沙满满，外焦里嫩，但不粘牙！

食后感叹：炸糕，延庆李记可谓最佳！

来延庆吧，跟着延庆人吃正宗的延庆炸糕！

包好豆沙馅待炸的半成品

一定得先在 100 摄氏度的热油里“泡”熟再入油锅滚油煎炸

食欲满满的延庆炸糕出锅了，两元一个

一直记得延庆的年平均降水量只有 400 毫米左右，应该与水稻无缘，但在小丰营村，除了每周一、周五的集市之外，还可以觅得一款特色土产——**延庆旱稻米**。

延庆在 20 世纪 70 年代前曾有过水稻的种植，但种旱稻还是头一回，不曾想竟一种成功，于是百姓信心倍增。

适合延庆冬寒和年降水少的气候，延庆旱稻米每年 5 月上中旬播种，20 天左右出苗，之后和春小麦的生长期差不多，10 月中旬开镰。旱稻种植能节水 50% 以上，整个生长期需浇水 3 次，扬花期前需施 1 次有机肥，每亩*50 斤左右的用量。目前延庆旱稻的产量每亩不足 500 斤。

*注：亩和斤均为旧时计量单位，1 亩约等于 666.67 平方米，1 斤等于 0.5 千克。

延庆旱稻米是最佳的炒饭原料——煮熟了就可加料再炒，不必“隔夜”，用延庆旱稻米制出的炒饭卖相和口感极好，最大的特点是口感清爽，米香浓厚，饭粒饱满、完整。

说它“无糖”，是因为延庆旱稻米含有丰富的抗性淀粉，在体内不易分解为葡萄糖。延庆旱稻米煮制时水不可多，基本遵循米水比例为 1∶1.2，以白饭佐菜吃，需预先泡 15 ~ 20 分钟后再煮，白饭的口感也很好。

四、食物色诱

延庆红薯和延庆苹果呈现不一样的红，还有唐家堡葡萄的青紫粉红，延庆鲜玉米的黄紫粉白，更有延庆杏仁的焦黄引诱。您还可去阜高营领略春天的气息，感受状元及第的气场

万绿丛中一点红，俏丽夺目不争宠，道是谁家新特产，今人的日常新宠！

说到**延庆红薯**，在延庆境内几乎各村皆产，从东边的千家店到西边的康庄，恰似延庆鲜玉米，堪比延庆扁杏仁，不张扬不炫耀，却是谁也忘不掉，因为它——甜！还有流传几十年的顺口溜：“北京红薯看延庆，延庆红薯看康庄，康庄红薯看榆林堡！”——欢迎前来考证。

千家店的延庆红薯丰收了

延庆红薯，不输延庆苹果的鲜，不败大庄科铁皮山楂的红，不压延庆冰海棠的艳，关键是拿人的甜柔、无筋，其优秀品质的真谛源于延庆红薯产地的土壤沙性和气候的昼夜温差，海拔和日照也是红薯甜蜜的成因之一。延庆人都知道，延庆红薯须施水肥。

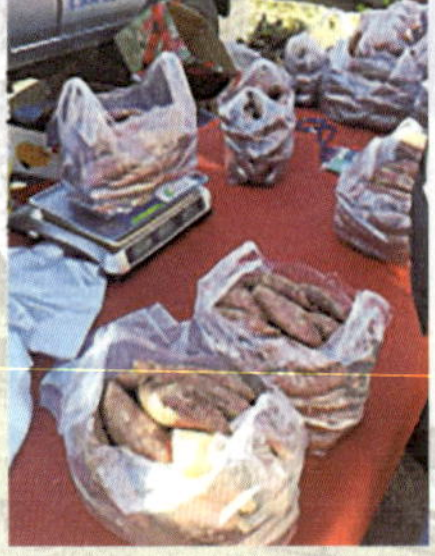

泛泛圈出一个延庆红薯圈：康庄榆林堡村、沈家营西王化营村、香营千亩蜜薯、井庄箭杆岭村、千家店……每年“十一”过后就是延庆红薯最好的收获时节。

冬季，延庆大集里延庆红薯始终占据一席之地，从不缺席，让肃杀严冬平添了甜腻的喜庆。

延庆红薯，烤着吃更香甜。

旧县耿家营棒渣、四海王顺沟前山村的甜糯鲜食玉米棒子——**延庆鲜玉米**叫人一吃难忘，而箭杆岭的笨玉米和北沟的老玉米则可用两个字概括——“有种”，可以像古人那样代代种植、自己留种、自给自足。

延庆人把大田玉米种出了新高度——2024 年北京春玉米亩产冠军就出自康庄大王庄。

不得不提京城玉米亩产状元孙会明，实现亩产 1289.67 千克的历史新高！问及让玉米丰产的秘诀，他的回答是简

晾晒时节延庆玉米遍地

简单单几个字："种地的爱好！"45岁的壮劳力，土生土长本村人，在乡村进城打工的浪潮中，他选择留在村里，种地。

现在他管理2300亩玉米地，包括800亩有机玉米田，这些是康庄奶庄的奶牛饲料。每年4月20日左右播种，10月1日左右收获，之后烘干、晾晒、脱粒；中间除草1次、施肥2次、浇水3次、后期植保4次。延庆农家有谚语："种地不搁粪，等于瞎胡混！"大田作物更是如此。

这些年他添置了农用机械，有一些扶植资金，自己又学了农机驾驶技术，还铺设了滴灌设施，水肥一体，虽然前期投资大，但日后省水省工。

现在孙会明农事很多，自己还种了几十亩小麦和延庆黄豆，“2025 年打算再种百十亩旱稻”。真好，年富力强时好好种地！

沿着捡拾**延庆杏核**的线路，便能探寻到延庆杏仁油的古老萃取手法——水代法，以及没有丢失这项技艺的源头之村。

延庆杏仁丰富，水代法压榨的杏仁油传承了地道延庆风味，让美味延续，正在努力恢复中的大庄科景而沟手工杏仁油坊，承载着民间古老技艺。

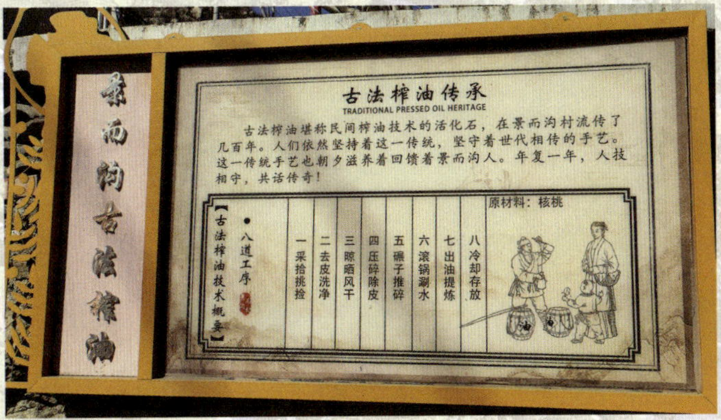

景而沟村根据它的物产特色，还将打造五谷文化长廊，誓将农耕文化的精髓传承下去

延庆，杏林茂盛，除了人工种植，还有大量天然山杏林，从西到东，所有山区村庄均有生长。这里充足的日照和巨大的昼夜温差，使延庆的杏仁药用元素丰富、药性高。延庆杏仁有极为可观的经济效益，只是面积庞大，许多杏

树生长在山间，劳力难及。

相比之下，刘斌堡山西沟村的 320 亩杏树林算是平整地带的树林，有大量杏核出产，但依然存在捡拾劳力和出售的性价比问题，所以销量极少。

杏花，京城果树中的“报春花”，阜高营的杏花园欢迎您来观赏

千家店花盆村的杏林应该是面积大而相对集中的区域。

相对便捷的延庆杏核捡拾区域还有大榆树镇的阜高营村。村东南的土台上，有 300 余亩的杏树，杏花盛放时煞是好看。

珍珠泉的南天门村也有杏核出产，数百斤的杏仁产量很有保证。

杏花，果树中的“报春花”，淡雅清香，是大自然释放的春的气息，越是杏树集中的地方，杏花越壮丽。延庆，可选之处太多。

在此推荐阜高营村，除了看春信——杏花之外，您还可以感受今日“状元村”的文化气息。截至2023年，这个小村庄从恢复高考的1977年开始，已经考出了130多位大学生，几乎家家都有升学人。

每年4月初，清明前后，那漫山遍野的浅粉色杏花，便成为延庆山水间春的信使，指引着夏秋时节延庆杏核的捡拾区域。

葡萄是延庆色彩绚烂的甜美食品，延庆葡萄以其种植历史悠久、知名度高、葡萄果粒均匀、色彩浓艳、味道浓郁、品种齐全而享誉四方。延庆葡萄盛产于张山营，位于延怀河谷地带的区域，这里适合葡萄生长。延庆唐家堡就将延庆葡萄的种植升级为新的博览园式的观光农业模式。

共60个品种的**延庆唐家堡葡萄**品种展示墙，将种植文化融入了种植的劳作中。延庆唐家堡葡萄，光是看看照片就已经很有食欲了。延庆葡萄色彩涵盖粉色、绿色、紫色、红色；风味上有茉莉香、玫瑰香、草莓香；咀嚼口感上有脆的、有软的。

延庆唐家堡葡萄每年4月发芽，中秋或国庆成熟采摘。

为防止恶劣天气影响，农户加以棚膜防护，不仅防风有效，还可防范因大风吹动造成的其他作物农药的侵袭。

延庆唐家堡葡萄的灭虫是靠生物技术——天敌虫，即生物防治技术，葡萄香气浓郁，成熟时您可来尝尝。

满墙都是园子里种植的葡萄品种对照实景照片，既是科普又是采买的识别表

五、不得不提，记忆中还存在的延庆特产

它们还会回到延庆吗

张山营，一直以延庆西北的名镇著称，除了延庆苹果、延庆葡萄的香甜，还有古崖居、松山、玉渡山的怡人风光，更难得的，是古籍中对其地产的记载。

《光绪延庆州志：延庆乡土志要略》曾明确记载的“张山营王瓜”（黄瓜）、“黄柏寺西瓜”、“西胡家营甜梨”、“杨董家庄苹果”和槟子，俨然就是今天政府相关部门审定的延庆地理标志品牌产品的展示。只是“西胡家营”村、“杨董家庄”村已湮灭在历史的长河中，但苹果和甜梨还是延庆的好物。

《延庆州志》中的“张山营王瓜”就是今天所称的黄瓜，因是张骞带回来的引种品种，所以最初被称为胡瓜。当地有许多关于张山营黄瓜的顺口溜和传说，传得最广最多的版本就是“张山营的黄瓜，黑龙庙的葱”。

当地人认为**张山营黄瓜**瓜大、脆爽、味香，黄瓜的香气十足，切开了满屋清香，而黑龙庙葱则具有味冲、粗长、鲜灵的特点，都是同类产品中的上品，当地还有久传的故事证明这两样物产的独特。

传说在张山营的小海坨山上有个山洞，山门常年关闭，洞里有一头金牛在推磨，磨出的全是金豆，到了夜晚，金子的光芒能穿透山门放射出来，很远就能看见。这传说的确很诱人。

话说清朝初年，此事被一个南方的商人知道了，于是来此四处打探打开山门获取宝物的方法。一日，商人在张山营遇一老者，相貌和风度与众不同，于是急速上前躬身行礼并说明来意，还承诺取宝之意在于富足此方百姓。

老者静听后上下打量了商人许久，商人也沉得住气，静候。终于，老者开口，并郑重告知：“你若兑现承诺，告你一法可助你取宝，你若无诚信并起他心，此去恐难脱身。”

商人立刻允诺发誓，绝无二心。

老者指示：“你须去张山营村取一根经霜三次、瓜长四尺的张山营黄瓜，再去黑龙庙村找一棵碗底粗的黑龙庙葱，二物备齐按我所述方法可打开山门，洞中之物不可多取！此二物可支持到你出来。记住，不得有差池。”

按照老者的指点，商人迫不及待地去村中找寻“张山营黄瓜”和“黑龙庙葱”。村里的热心人很多，无奈，张山营黄瓜此时只经了两次霜打，村里人怕黄瓜冻坏便都摘了，但瓜长四尺的黄瓜不少，选了根看着最壮实的带上，黑龙庙的大葱也选了棵最粗壮且葱白长的，带上二物直奔北山。

天色渐暗，金洞的光芒从山门缝中透出，商人开始兴奋起来，全然忘记了几天来的辛劳，向山上冲去。

按照老者说的暗语，用黑龙庙大葱按动机关，山门打开了。迅速用张山营黄瓜在老者说的位置处插上，此时，张山营黄瓜抵住了巨大的山门，商人飞速向洞内的金牛奔去。

来到金牛身边，商人傻眼了，这不是传说的“金牛推磨，磨出金豆”的情景！牛是金牛，但磨的是延庆黄豆，出的是可做豆腐的豆浆！就在商人疑惑之时，山门发出吱呀的声响，黄瓜弯了，山门开始闭合。

来不及多想，商人去拉金牛，金牛岿然不动。“好吧，

抓几把黄豆下山给张山营的热心百姓去种，兴许能有好收成。”于是，商人猛抓两大把金牛洞里的黄豆，就在山门即将闭合之时跳窜了出来，一声巨响，山门合上，他惊出一身冷汗。

随着山门的关闭，洞中的金光也没有了，四周一片漆黑，但只刹那，还没等商人反应过来，他用衣袍兜出来的黄豆竟然全部变成了金豆，放出的光芒把四周照得一片雪亮，也照亮了他下山的道路。商人边走边想，一定得让张山营和周边的百姓把这豆子种下，好变出更多的金豆。

金豆后来在延庆地区广泛种植，就是延庆黄豆。而张山营人用延庆黄豆又做出了许多美食，其中有一道“张山营水豆腐”，现在依然被许多老人推崇。

张山营水豆腐，需用泉水磨豆，再用此豆浆制作的酸浆点豆腐。人们都说在张山营的玉皇庙一带有山泉，“水很大，能浇 100 亩地”！因为有山泉水，做出的酸浆豆腐愈发细嫩。又说张山营水豆腐的口感“比豆腐脑硬些，比老豆腐软些”。

张山营水豆腐是热食，有几样咸菜小料，自己根据口味取小料拌着吃，讲究的会在时令季节放些张山营黄瓜细丁和黑龙庙葱末提味。只是今天的延庆已经很少能吃到“张山营水豆腐”了，至于“张山营黄瓜”和“黑龙庙葱”，也早已不是主打产品了。

此外，在百姓的记忆里，延庆还有许多难以忘怀的标志性特色产品。

比如张山营本地口感极甜的玉皇李子、景岗泉杏，还有黄柏寺大桃。这些延庆水果，常让20世纪出生的人们回忆中满口香甜，玉皇李子“源自玉皇庙的院内，就是甜”！村里上了年纪的人说，20世纪70年代，县里果品站将这里的“玉皇李子”拿到市里鉴定，“与当时全国124家叫玉皇李子的产品进行评比，果品站长回来‘口头传达’：‘这里的玉皇李子是最正宗的！’”

有证书等文件给大家看看吗？“没有证书和文件证明，但我们这的玉皇李子个大、汁多，就是甜，管保叫你一口难忘！”说得大伙儿都很想吃！

老人们还说：“张山营玉皇庙可神了，日本侵略时期烧庙，东西配殿、院里的老柏树、玉皇庙旁边的神仙庙都烧得一干二净，可就是大殿烧不着！后来就用草席子卷了浇汽油放殿里去烧，只烧了一扇门，大殿建筑就是烧不了！神吧？！”“其实，这里是先有玉皇庙，后有玉皇庙村！”

后来庙一度被拆。

玉皇庙的“景岗泉杏也好吃，还好看”，杏长成桃的形状、果大有尖，红黄色，果汁丰盈，口感甜，杏仁为甜杏仁，只要一熟立马在树上就裂开，“您只能蹲树底下守着吃”。

当年这里还有个非常好吃的宝贝“黄柏寺大桃”，“果子漂亮，一咬满嘴糖水”，书面表述应该是“爆汁”“糖度 25°Bx”（接近鲜食桃糖度的最高值），只是当年这黄柏寺大桃的桃树并不多。

好可惜，这些个好物都没吃过！无论日后它们是否还能复种，姑且在此记下它们的身影，只为教人记得延庆食货中曾闪现的特产。

六、游历延庆，感受人间岁月，串行延庆集市，体验人间烟火味

一村一景，游不尽的延庆，赶集夹带的愉悦心情，是百姓不可缺失的幸福

延庆乡村游一圈，只选好看的景致，至少要 180 天，请原谅无法核实、列举全部的乡村美景和好食，真的该结尾了。

坐南朝北开的观音庙

奇异的**刘斌堡**村庄庙宇设置，只在此乡见到，一个“一殿南北开门设俩庙”的地方。

首遇营盘村观音庙，一间殿门向北开，进深仅一步；转

到背面，发现此殿呈坐北朝南开门，设为龙母庙。

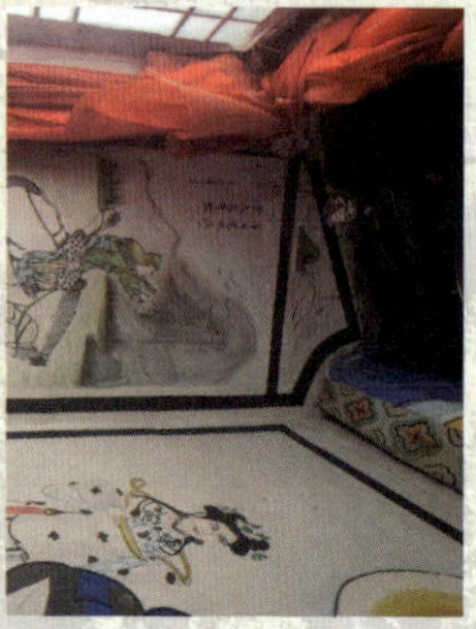

掀开门帘进深只一小步

外墙夹道可以确认，观音庙和老母庙就设在同一间房屋内，在房中砌墙隔成前后（南北）两间，并分别于前后开门，形成观音庙和龙母庙两个庙

坐北朝南开门的龙母庙

供奉龙母龙王画像，进深应占房屋的三分之二

再遇山东沟村一殿二庙的供奉，南殿供龙王，北殿供观音，一殿前后院，只是观音殿的院门设在东侧院墙。

祈愿风调雨顺的龙王庙

北院（后院）开侧门，供观音画像

刘斌堡，除了山西沟村的杏林，上虎叫村、下虎叫村也是山色山景悠、静、雅的村庄，适合天气晴好时游逛。

在周四沟村的戏楼上，看到了该村对本村河北梆子戏剧学习传承的清晰记载，布展在戏楼上，是很有古韵和文化底蕴的文化角。

据说枢纽重镇**大榆树镇**得名于镇政府驻地大榆树村，大榆树村则因村东曾有一棵可 5 人合抱的大榆树而得名。明嘉靖十六年（1537 年），此地加筑围墙垛口，称大榆树堡，后简称大榆树，沿用至今。

在大榆树不说物产，简单介绍几处开放的村级景点，可作进入延庆的首站之旅。

喜欢走京礼高速进入延庆，出大浮坨收费站，红绿灯直行便可进入大榆树镇大浮坨村。进村直行，不远便是大浮坨三官庙 - 马神庙，二庙合一，园内还有一口康熙年间霍州灵石县造的大缸，不知由来和真假，花纹不错。

大浮坨村内还有两个小庙可以观览，分别是村北的大

大浮坨三官庙、马神庙二庙合一，主殿北侧墙为马王爷牌位

浮坨奶奶庙和村东南山坡上的五龙圣母庙。

大浮坨村的庙宇塑像齐全、壁画新作，自行开关好庙门即可。

推荐游览大榆树镇的大泥河村，观览南大寺、大泥河戏楼后，再游普渡寺（原称大泥河观音庵遗址）。

大泥河村南的南大寺，内供奉石佛三尊，文物局挂牌名“大泥河石雕造像”。南大寺筑于高台之上，原名佛爷庙，一进院落。主殿供奉石佛坐像一尊，端坐于莲台之上，左右各有一尊石佛站立造像，雕刻年代不详，北山墙及东西山墙上绘彩绘壁画十八罗汉。

南大寺由山门、正殿与东西配殿组成。山门左右绘画哼哈二将，园内有影壁墙，有正殿三间，东西配殿各一间，房梁彩绘。

东配殿为关公坐像，右手捋长髯左手持《春秋》，右手边周仓持刀站立护持，左手边关平捧印站立相随。北山墙彩绘壁画分别是桃园三结义、三英战吕布、温酒斩华雄、千里走单骑。南山墙壁画：辞别曹丞相，刮骨疗毒，单刀赴会，最后一幅是周仓持刀在后方站立，关羽修书给诸葛亮。

西配殿供奉药王爷坐像，三缕长髯，头戴双翅乌纱，手持笏板。左手边药童手持葫芦，右手边药女侍立，南山墙绘画医病图，北山墙绘画青山采药图。

离开南大寺进村立即可见大泥河戏楼，古戏台清式建筑，坐南朝北，彩绘房梁，彩涂屋顶，面阔八步半，进深十步，歇山顶，灰砖灰瓦，有镇脊兽。

戏楼南侧 50 米村道边有古槐树一棵，树龄近 350 年。

大泥河观音庵遗址，庙门匾额为“普渡寺”。建于清末，现存有石碑碑首及碑座。大泥河观音庵遗址是经北京市文物研究所实地考古勘察，被北京市文物局组织专家论证确认的不可移动文物，已修复，现名为普渡寺。位置在北京科技职业学院（八达岭校区）北门向西约 850 米处山坡顶上，与北京科技职业技术学院八达岭校区内的隆兴塔隔水相望，直线距离约为240米，使用某德地图搜索普渡寺即可。

图中左侧小山坡上为普渡寺，右侧为隆兴塔

登上七七四十九级台阶方到普渡寺山门。普渡寺为一进院，坐北朝南，正殿三间，左右东西配殿各一间。主殿供奉千手观音坐像。

现在普渡寺主殿观音菩萨坐于莲台宝座上，北墙壁画上书佛光普照，绘有日出、波浪、高山、白鹤、祥云。东墙与西墙壁画各绘有两位罗汉尊者。清式建筑风格，平脊直筒灰瓦房顶，彩绘房梁，屋顶有镇脊兽。

西配殿供奉地藏菩萨立像，手持九环锡杖，墙面有彩绘，菩萨背后为金色太阳与高山海水祥云。西墙靠南侧绘夏竹，靠北侧画秋菊。屋顶及房梁均彩绘。西配殿南墙绘四大天王中的广目天王手持青蛇，西配殿北墙绘画四大天王中的多闻天王手持宝伞。

东配殿供奉关老爷立像，倒提青龙偃月刀，北墙绘四大天王中的增长天王手持宝剑，南墙彩绘四大天王中的持国天王手持琵琶。配殿内房顶梁柱均做彩绘。

前往普渡寺无路牌指示，需经有车辙的土路至寺庙前。

延庆镇在明朝时作为隆庆州（后更名延庆州）的治所，是延庆地区的军事指挥和物资调配中心之一。它与永宁城、八达岭镇岔道城、石峡峪堡、延庆镇双营城、大榆树镇南寨坡、康庄镇马营城、井庄镇柳沟城、四海冶九眼楼以及一系列村堡，共同构建成完整的军事防御体系，以保障整个北京城的安全。

今天的延庆镇留下了大量的文物古迹，凸显它的历史厚重感和文化承载量。镇域古迹繁多，值得慢游细观，但以下几处不应遗漏。

首先是延庆古城墙，就在延庆北顺城街西端，是延庆古城西北角的一段城墙，为明代延庆州城墙仅存的一段，长约110米，高8.5 ~ 10米，马面完整，外有护城河的遗迹。

延庆古城墙

北关龙王庙，沿延庆古城墙遗址向东，位于10米高台上。

在本次探访的延庆现存130座庙宇中，龙王庙有42座，数量最多。

北关龙王庙是四合院式古建筑，占地437平方米，由山门、正殿、东西配殿、院墙组成。正殿面阔三间，通面阔8.45米，通进深7米，前后出廊，是现存北京地区罕见的高台式龙王庙建筑，堪称延庆地区现存最大的高台式龙王庙，保存完整且富有特色，具有较高的历史及艺术价值，是延庆历史文化不可多得的代表性作品。1985年被列为延庆县级文物保护单位，2011年成为北京市级文物保护单位。

北关龙王庙始建年代不详。明成化九年（1473年）在原址重建。明正德年间筑台重建，清康熙五十年（1711年）、乾隆四十年（1775年）两次重修。1937年修缮并绘制正殿壁画。2007—2009年延庆对北关龙王庙的山门、正殿、东西配殿、院墙、院落地面等进行整体保护修复时，正殿内东西两墙各有约6平方米的精美壁画即为民国时期所绘，东墙壁画为龙王行雨图，西墙壁画则是雨毕回宫图。

蒋家堡烽燧位于蒋家堡村东南角，在延庆地区是较少遗留下来的古烽燧之一。在山坡上夯土围城，成为方形筑台，原筑台之上有护墙或者护板，台上向内缩退10米筑烽燧台，周边有近百年的古树数十棵。此烽燧应与明代的军寨或者庄寨近似，故推测此烽燧为明代所建。

还有一处值得穿越的真实古城——**双营城堡**，东西城门完好，城墙完全呈原始状态，没有修葺，是对历史的直接触摸。1993年被定为县级文物保护单位，2013年3月5日被定为全国重点文物保护单位。

双营城堡历史最早可追溯到后魏，当时叫下城。明初重建隆庆州时，双营是后十里之一，由山西洪洞县移民充实。明嘉靖十六年（1537年），为防御鞑靼入侵，佥事张愚督令军民筑堡防御，双营城堡在此背景下逐渐形成。明

嘉靖二十七年，鞑靼入侵，双营居民深受其害，操守戚世登用砖石筑城，加强防御，城墙“城高二丈四尺，周长二里七十五步”。双营城堡成为重要军事据点，与西侧的蒋家堡烽燧形成掎角之势，在抵御外敌中发挥重要作用。清朝时，在和平统一环境下，双营城堡军事防御功能减弱，逐渐发展为普通聚落村庄。光绪年间，城堡内有一条东西向和两条南北向街巷，有田地、常住人口和四座庙宇，居住功能齐备。双营城堡是延庆区唯一现存的原生貌古城，也是华北地区现存较为完好的原生貌土城墙结构的古城。城墙虽部分坍塌，但整体保存完整，东西城门保存良好。著名影片《地道战》《桥隆飙》《三进山城》等曾在此拍过外景。

城堡内保留着历史街巷格局和部分传统民居，城内城外还有一些土结构房屋。城内靠近西门处有双营村三官庙、双营村龙王庙和双营村观音庙，值得游览。

位于延庆镇司家营村西南区中街 35 号的是司家营村“**司家营龙王庙**”。从外部看，司家营龙王庙可能并不起眼，坐北朝南，主殿一间，但塑像及壁画非常精美。有村民日常上供，24 小时开放。庙前西南方向 20 米处有一颗树龄约 350 年的古槐树。

司家营龙王庙壁画和展陈十分精美，画像、塑像均有

米家堡村，有展陈的是米家堡龙王庙、米家堡碧霞祠（即米家堡奶奶庙）、实为五道庙即报庙的米家堡土地庙。三庙相对集中，供奉的塑像和壁画均为近些年的作品，米家堡村的三座小庙可作民间信仰的了解“课堂”。

土地庙坐东朝西，主供中间是武道神君，其左手边靠南侧是山神爷，其右手边靠北侧是土地公。南北两山墙上南墙壁画为五道神君镇邪图，北墙壁画为五道神君巡行审判图，壁画清晰。

米家堡奶奶庙的供奉塑像人物“繁多”，是哺育生息

米家堡土地庙供的神像从左至右为：山神爷、土地公、五道神君，画像清晰

的教化，也是民间信仰的方式，东西两侧均有壁画（近年新作）。

需要注意，延庆区偏远乡镇的旅游公厕立冬后绝大多数不开放；山区的路边餐饮店整个冬季也不开放；延庆的乡村景点中，许多庙宇平日不开放，有些壁画破损严重，无展陈，无甚游览价值，或过于“孤立”、偏远，本书不做介绍，待您自行“猎奇”。

看好日子，延庆赶集去！**延庆大集**天天有！这里让人感受食材的地道与超高的性价比。时间和路程是延庆赶集的法宝，在此送您一张延庆赶集时刻表（见下页）。

延庆，地处蒙古高原到华北平原的过渡地带，在漫长的历史时期，这里是中原农耕民族与北方游牧民族的交界之处。

延庆赶集时刻表

时间	大集名称暨地点	备注
星期一	永宁古城北街、小丰营、付余屯、米粮屯	
星期二	永宁古城北街、刁千营（当地称刁营）、旧县便民大集、唐家堡大集	刁营大集规模大，购销两旺，停车位紧张
星期三	永宁古城北街、榆林堡、沈家营	
星期四	永宁古城北街、米粮屯、龙聚山庄、郎庄村、唐家堡大集	唐家堡大集位于京银路与团结路交叉路口，面积大，规模大，每周二、周四、周六开集，有活禽出售
星期五	永宁古城北街、小丰营、付余屯、千家店朝阳寺大集	
星期六	永宁古城北街、刁千营、旧县便民大集、四海镇集期市场、唐家堡大集	
星期日	永宁古城北街、榆林堡、龙聚山庄、沈家营、房老营	
阴历逢二、逢七	张山营村大集	
阴历初三、初八	西五里营	
阴历逢四、逢九	下营村大集	

一方面，中原地区以种植五谷等农作物为主的农耕文化不断向北传播和发展；另一方面，北方游牧民族以畜牧业为主的游牧文化也不断向南影响。两种文化在延庆地区相互交流、冲突与融合，在语言、饮食、服饰、建筑、宗教信仰等方面都有所体现。同时，这里又是兵家必争之地，长城等防御工事的修建也是农耕文化与游牧文化的碰撞产物。

可以看到，在漫长的历史发展中，延庆地区分属不同的民族管辖：

先秦时期，此地为山戎、东胡等民族的活动区域；秦汉时期，这里归汉族中央政权管辖，属上谷郡；魏晋南北朝时期，鲜卑族等北方民族崛起，延庆地区先后被前燕、后燕、北魏等政权统治，这些政权多为鲜卑族等民族所建。

到了隋唐时期，主要归汉族建立的政权管辖，此地区设有州县等行政机构，但周边有突厥、契丹等民族活动。

辽宋夏金时期，延庆地区属大辽国南京道析津府，辽为契丹族建立的政权，金为女真族建立的政权；元朝是蒙古族建立的政权，此地属元朝大都路。

到了明朝，政权再次归汉族管辖，延庆成为军事防御的重要区域，设有诸多卫所，明长城遗迹丰富。

清代，为满族建立政权的管辖时期，延庆隶属直隶省宣化府。

民国时期，随着抗日战争与解放战争的开展，延庆地区曾同时存在着民国政府、伪蒙疆自治政府、伪华北自治政府，也存在着抗日民主政府昌延联合县、抗日民主政府龙延怀联合县这样的抗日民主政府。在民国时期的大部分时间里，延庆行政上归属于不同的政权体系，但居民以汉族为主，同时也有满族等其他少数民族居住。

历史把延庆勾画成一个独特的地区，在不同的统治阶段，各民族在延庆的生活和发展因受到统治者的不同影响而不断变化着，但依然保持着各自的文化传统和生活方式，各民族在一定程度上相互交流、融合、共同发展。

今天，延庆为北京郊区，但与京城的文化、生活又有诸多差异。挖掘、梳理延庆食货和乡村人文资源，珍爱这一方水土，珍爱延庆人民保留下来的物产与文化，意趣非凡。

后记

此处应留白

辍笔之时，明知留白的可贵却还有太多的不舍。

不舍延庆的妫川特产，本书记述的延庆特产您可以按时令前来提货，春夏秋冬四时不间断！

不舍那些湮没在岁月里却还停留在记忆里的延庆美食好物和延庆的人文遗迹，生怕本书遗漏后使它们在历史的长河中消逝。

更有惊喜想吐露，那便是延庆的风情！本书采风时已过寒露，从京礼高速五道山梁隧道钻出后，车上仪表直接显示出北京城区与延庆 5 摄氏度的温差！本以为冬季的延庆朱颜辞镜花辞树，缺失色彩，只有北风呼啸，却不想，它竟是粗缯大布裹生涯，艳丽阳光中飘散着人间烟火气，叫人听不够赶集的喧闹，品不尽傀儡、火勺、酸浆点豆腐的妙趣飘香……原来，妫川隆冬也有万种风情可领悟！

走访中领略了太多的暖心之举和视觉冲击下的别样山石、口感惊艳的独特物产，而这些，都只是延庆面貌的日常展现。

细细想来，掩卷不舍的就是延庆透射出的人间烟火气，延庆的地方特产风味和延庆的山水人文气质。

盘山路勾连出的延庆九沟十八湾，沟沟有特色，村村有土产，天天有大集。

今天的延庆，春来看花、夏来避暑、秋来收货、冬来爬山。

延庆，四季皆有景。您可以寻着颜色揽货，也可以寻着特产“学”历史——长城、壁画、古树！不论春夏与秋冬。

延庆，一个能让时空穿越成为现实的地方！

延庆，一个能让你尝到古老果树的果实，真实感受历史风味的地方！

惊喜延庆的山水人文，惊叹延庆人的质朴和延庆物产的纯真！就让地方特产带上它传播健康的使命，助我中华蓬勃兴旺！

在此，感谢本次向我们热情推介当地特色的各乡镇党委书记、镇长和党委委员：陈磊、侯晓颖、郑爱娟、张仲新、徐雪林、吴传帅、陈世亮、张小清、李达。

感谢各乡镇经济发展办公室等委、办的主任、干部：时光、刘娟、郭振巍、辛欣、王佳蕊、马菁堃、孙雪婷、赵飞、邬升博、李琦、卢红伟、路广、黎文华、李跃超、赵世伟、秦帅、王雪、李伟、张俊伟、康丽。

感谢各位热心的村书记：张红霞、胡瑞山、葛良、卢

云竟、刘忠诚、张栋、王燕、韩贵州、颜铁柱、王义有、王军、郭振远、裴迎娟、路凤山、孟亚超、王国丽、王立恒、吕墩成、崔永启、杨忠云、张建军、杨秀云。

感谢市区各单位派驻延庆各村的第一书记：杨建涛、王威、周寅、马强、孙科、李辉、徐柏枝。

感谢各位会长、总经理、热心参与者、讲解人和介绍者：张义、司欣然、靳祯、曹一勇、贺玉玲、贾明、闫磊、韩尚兵、孙广学、苗占先、王东旺、杨秀荣、赵延军、安素容、吕金合、卢春苗、郭树胜、乔梁、赵玉忠、王国庆、孙会明、刘华兴、王占利、于存洲、吴雅丽、朱小华。

同时鸣谢给予我们大力支持、联系对接采访人员的区知识产权局胡金会、闫狄、张涛、区农业农村局杨永山、北京世园林业科技发展有限责任公司丁宁。

鸣谢支持并共创延庆食货物产挖掘工作的所有有识之士！

延庆，我们不想落下任何一样特产，如果还有机会，定要再续！

延庆世园公园

位于延庆的北京世园公园

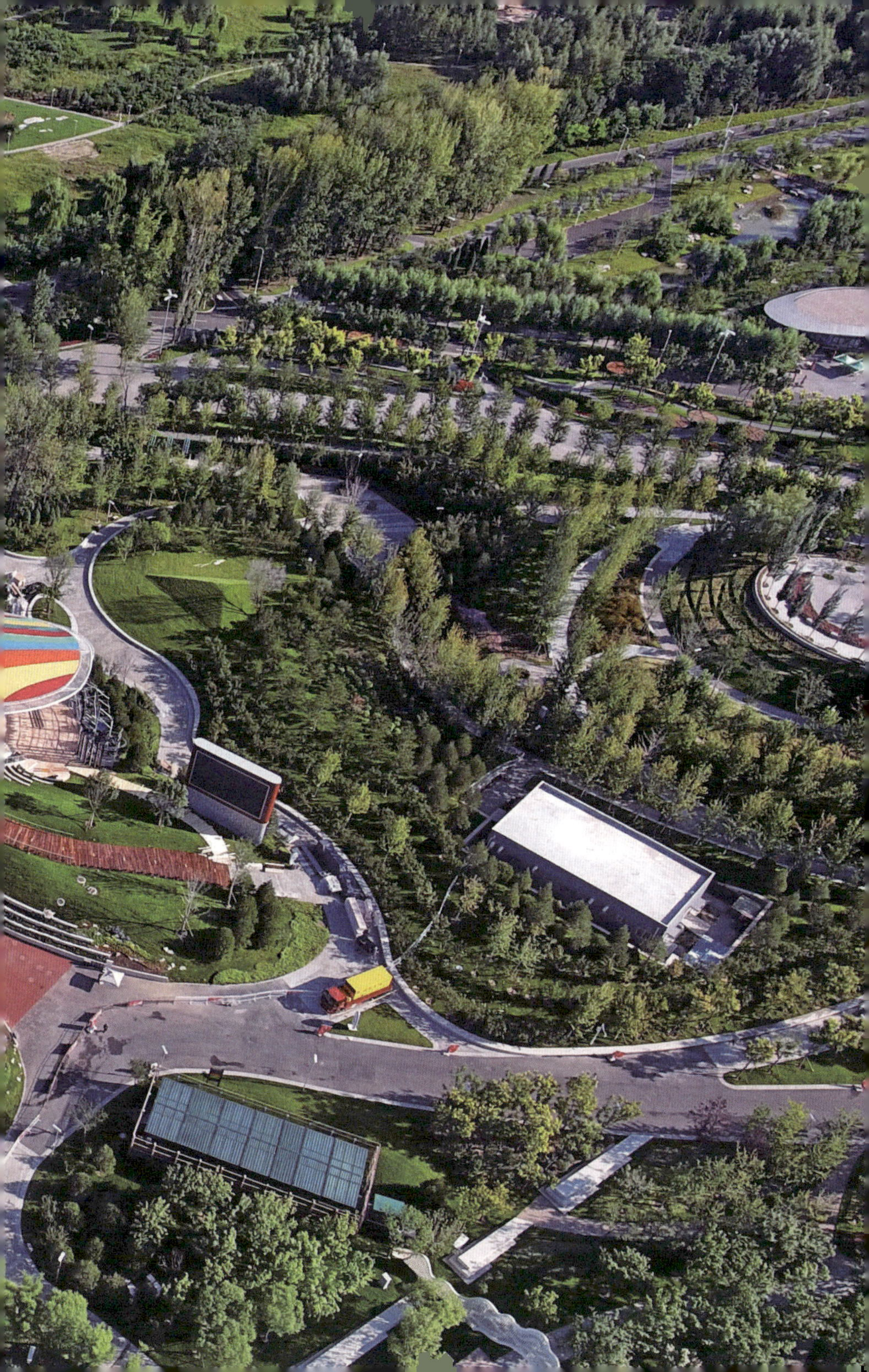

图书在版编目（CIP）数据

最爱人间烟火味 ： 逛吃山水间 . 延庆篇 / 陈一龄， 陈耘著 . -- 北京 ： 华龄出版社， 2025. 7. -- ISBN 978-7-5169-3017-5

Ⅰ . K928. 9

中国国家版本馆 CIP 数据核字第 2025YT2973 号

策　　划 北京华艺文化教育中心　　**责任印制** 李未圻
责任编辑 悦　丹　　**装帧设计** 北京华艺文化教育中心

书　　名 最爱人间烟火味：逛吃山水间 · 延庆篇　　**作　　者** 陈一龄　陈　耘
出　　版
发　　行 华龄出版社 HUALING PRESS
社　　址 北京市东城区安定门外大街甲 57 号　　**邮　　编** 100011
发　　行 （010）58122255　　**传　　真** （010）84049572
承　　印 文畅阁印刷有限公司
版　　次 2025 年 7 月第 1 版　　**印　　次** 2025 年 7 月第 1 次印刷
规　　格 880mm × 1230mm　　**开　　本** 1/32
印　　张 8.75　　**字　　数** 149 千字
书　　号 ISBN 978-7-5169-3017-5
定　　价 70.00 元
